COMMENT CRÉER SON RÉSEAU PROFESSIONNEL : TROUVER DU TRAVAIL ET DÉVELOPPER SES AFFAIRES

AURNY AIRDUVAL

COMMENT CRÉER SON RÉSEAU PROFESSIONNEL : TROUVER DU TRAVAIL ET DÉVELOPPER SES AFFAIRES

Cette œuvre, y compris les images, est protégée dans toutes ses composantes par les dispositions du Code de la propriété intellectuelle, notamment celles relatives aux droits d'auteur. Toute reproduction ou diffusion au profit de tiers, à titre gratuit ou onéreux, de tout ou partie de cette œuvre, est strictement interdite et constitue une contrefaçon prévue par les articles L 335-2 et suivants du Code de la Propriété Intellectuelle

Édition Octobre 2024 – Aurny AIRDUVAL

Copyright © 2024 – Tous droits réservés

Avant-propos

Réussir dans le monde du travail et des affaires dépend bien souvent de l'étendue de son réseau professionnel. Que l'on cherche un emploi, que l'on veuille booster sa carrière ou développer son activité en tant qu'entrepreneur, avoir un bon réseau est souvent la clé du succès. Cependant, le réseautage reste une pratique souvent mal comprise, parfois associée à des clichés négatifs. Nous allons définir clairement ce qu'est le réseautage professionnel, pourquoi il est essentiel et comment s'y engager efficacement.

1. Présentation du réseautage professionnel

Le réseautage professionnel consiste à établir et entretenir des relations professionnelles avec des individus partageant des intérêts communs, des secteurs d'activité similaires ou des objectifs complémentaires. Contrairement à l'idée répandue selon laquelle le réseautage ne se limite qu'à échanger des cartes de visite lors d'événements, il s'agit en réalité d'une démarche bien plus large et profonde.

Un réseau professionnel regroupe des personnes avec lesquelles vous avez établi des relations basées sur la confiance, le partage de connaissances et des opportunités de collaboration future. Il peut comprendre des collègues actuels ou anciens, des mentors, des partenaires commerciaux, des clients, des fournisseurs, des contacts rencontrés lors d'événements professionnels, des membres d'associations ou encore des connexions virtuelles sur des plateformes comme LinkedIn.

L'objectif est de créer des liens mutuellement bénéfiques qui pourront évoluer dans le temps. Le réseautage ne se résume pas à ce que l'on peut obtenir, mais repose aussi sur la valeur ajoutée que l'on peut apporter aux autres. Cette approche altruiste est essentielle pour bâtir un réseau solide et durable.

2. L'importance du réseautage professionnel

Le monde du travail moderne est de plus en plus marqué par une concurrence accrue et une mobilité professionnelle rapide. Voici pourquoi le réseautage est essentiel lors de chaque étape de votre parcours professionnel.

De nombreuses offres d'emploi ne sont jamais publiées. Elles sont pourvues grâce au bouche-à-oreille, aux recommandations internes ou aux réseaux informels. En ayant un réseau solide, vous avez accès à ce marché caché. Les recruteurs et employeurs sont plus enclins à faire confiance à un candidat recommandé par quelqu'un de confiance qu'à un candidat trouvé sur une plateforme d'emploi classique.

Le réseautage vous permet de vous positionner comme un expert dans votre domaine. En échangeant régulièrement avec d'autres professionnels, en participant à des événements ou en partageant du contenu pertinent sur des réseaux comme LinkedIn, vous renforcez votre notoriété. Cela vous permet d'être perçu comme une référence et d'attirer naturellement des opportunités de carrière ou des collaborations.

Un réseau bien construit peut vous apporter des perspectives précieuses que vous n'auriez peut-être jamais considérées. Trouver un mentor ou un conseiller au sein de votre réseau peut transformer votre carrière ou votre entreprise. Ils vous offrent des conseils basés sur leur expérience, ce qui vous permet d'éviter des erreurs coûteuses et de prendre des décisions plus éclairées.

Les relations professionnelles que vous cultivez peuvent devenir de véritables alliés au fil du temps. Ces personnes peuvent vous soutenir dans des moments difficiles, vous aider à prendre des décisions clés, et même jouer un rôle central dans des transitions majeures de votre carrière. Un réseau professionnel solide est un filet de sécurité face à l'incertitude du monde professionnel.

Le réseautage vous pousse à développer des compétences interpersonnelles essentielles telles que l'écoute active, l'empathie, la capacité à offrir des solutions aux autres et à communiquer efficacement. Ces compétences vous rendent meilleur dans vos interactions professionnelles et vous aident à mieux gérer vos relations personnelles.

3. Les idées reçues sur le réseautage

Avant de plonger dans les techniques pratiques de réseautage dans les prochains chapitres, il est important de déconstruire certaines idées reçues qui empêchent souvent les gens de s'investir dans cette démarche.

Il est fréquent de penser que seuls les individus extravertis et très à l'aise en public sont capables de réseauter efficacement. En réalité, le réseautage ne consiste pas seulement à être charismatique ou à parler beaucoup. Les introvertis peuvent exceller dans le réseautage grâce à leur capacité à écouter attentivement et à construire des relations plus profondes et authentiques. Il ne s'agit pas de collecter un maximum de contacts, mais de construire des relations de qualité. Si vous êtes une personne réservée, vous pouvez miser sur des rencontres individuelles ou sur des interactions plus profondes en ligne pour élargir votre réseau à votre rythme.

Beaucoup de gens hésitent à réseauter parce qu'ils assimilent cela à une forme de vente de soi, ce qui peut sembler inconfortable. Cependant, il ne s'agit pas de vous promouvoir sans cesse. Le véritable réseautage repose sur l'échange mutuel. En étant généreux avec votre temps et vos compétences, en aidant les autres dans leur parcours, vous recevrez en retour des opportunités et des conseils sans même avoir besoin de demander.

Un autre malentendu assimile le réseautage à une démarche opportuniste ou intéressée. Pourtant, les réseaux professionnels les plus solides sont ceux qui reposent sur des relations sincères et authentiques. C'est en apportant une valeur réelle à votre réseau que vous créez des liens durables. Pensez au réseautage comme une relation de long terme, pas comme un acte transactionnel à court terme.

Il est tentant de penser que lorsque vous avez un emploi stable ou une entreprise florissante, le réseautage devient moins pertinent. Cependant, le marché du travail et des affaires évolue rapidement. Les personnes qui négligent leur réseau peuvent se retrouver isolées lors de changements inattendus (restructuration, perte d'un gros client, etc.). Entretenir régulièrement son réseau permet de rester connecté aux autres et d'être prêt à faire face aux imprévus. Une période stable peut être la plus intéressante pour travailler son réseau sereinement.

4. Les différents types de réseautage

Le réseautage professionnel peut prendre plusieurs formes, en fonction de vos objectifs et des contextes dans lesquels vous évoluez.

Le réseautage en présentiel se déroule lors de conférences, salons professionnels, réunions d'affaires, ou encore dans des événements plus informels tels que des dîners ou des afterworks. L'avantage des interactions en présentiel est qu'elles permettent d'établir un contact direct et souvent plus mémorable avec les personnes rencontrées.

Le réseautage en ligne se fait via des plateformes comme LinkedIn, Twitter, et même des réseaux tels qu'Instagram ou Facebook. L'utilisation de ces technologies permet d'élargir son réseau au-delà des frontières géographiques, tout en offrant des outils pour maintenir des contacts de manière efficace et régulière.

Souvent sous-estimé, le réseautage informel peut se produire à tout moment, que ce soit dans un cadre social ou à l'extérieur du travail. Par exemple, une conversation avec un parent d'élève lors d'une réunion scolaire peut déboucher sur une opportunité d'emploi ou de partenariat. Il est important de rester ouvert aux opportunités de réseautage dans des contextes variés.

Le réseautage stratégique consiste à établir des connexions de manière intentionnelle dans le but d'atteindre des objectifs spécifiques. Cela peut impliquer l'identification de personnes clés dans votre secteur ou la participation à des événements particuliers pour rencontrer des individus influents. Ce type de réseautage est souvent plus planifié et axé sur des résultats concrets.

Le réseautage professionnel est une démarche indispensable pour progresser dans votre carrière, élargir vos opportunités et rester agile dans un environnement en constante évolution. Cependant, il repose sur des principes d'échange mutuel et de sincérité, et non sur l'opportunisme ou l'autopromotion agressive. Que vous soyez en quête d'un emploi, entrepreneur ou simplement curieux d'élargir vos horizons, vous trouverez dans les prochains chapitres les outils, conseils et stratégies pour développer un réseau professionnel puissant et efficace.

Partie 1

Les bases du réseautage

Chapitre 1

Définir vos objectifs de réseautage

Le réseautage, comme toute autre stratégie professionnelle, nécessite des objectifs clairs et bien définis. Créer des relations professionnelles sans but précis peut favoriser une dispersion de vos efforts et une perte de temps. Pour que votre réseautage soit efficace et fructueux, il est essentiel de savoir ce que vous en attendez. Nous allons explorer pourquoi il est important de définir vos objectifs de réseautage, comment le faire d'une manière structurée, et les stratégies à mettre en place pour les atteindre.

1. L'importance de définir des objectifs de réseautage

Lorsque vous avez des objectifs précis en tête, vous savez où concentrer votre énergie et quels types de relations vous recherchez. Sans but défini, il est facile de vous disperser en participant à des événements ou des discussions qui ne correspondent pas à vos ambitions. Par exemple, un entrepreneur cherchant des investisseurs n'aura pas les mêmes attentes qu'un salarié en quête d'un nouvel emploi. Définir vos objectifs vous permet de filtrer vos activités de réseautage en fonction de leur pertinence pour votre situation.

Comme pour tout projet, il est impossible de savoir si vous avez réussi sans d'abord définir ce que signifie la réussite pour vous. En fixant des objectifs précis, vous pouvez évaluer votre progression et ajuster vos actions en conséquence. Sans cette feuille de route, vous pourriez continuer à réseauter sans jamais savoir si vous avancez vers votre but.

Des objectifs clairement définis donnent un sens à vos actions. Chaque interaction, chaque événement devient une étape vers l'accomplissement de vos objectifs. Cette motivation est essentielle surtout lorsque le réseautage peut parfois sembler fatigant ou infructueux à court terme.

Lorsque vous savez exactement ce que vous attendez de vos efforts de réseautage, vous gagnez en confiance. Vous êtes plus à même de contacter les bonnes personnes, de vous présenter efficacement et de formuler des demandes pertinentes. Cela renforce votre position et rend vos interactions plus productives.

2. Les différents types d'objectifs de réseautage

Vos objectifs de réseautage peuvent être multiples et varier selon les moments de votre carrière ou les besoins spécifiques de votre entreprise. Voici quelques grands types d'objectifs que vous pouvez viser.

Si vous êtes en recherche active d'un emploi, ou si vous souhaitez progresser dans votre carrière, votre objectif principal sera probablement de vous faire connaître auprès des recruteurs, de rencontrer des responsables des ressources humaines ou des professionnels influents dans votre secteur. En définissant cela comme votre objectif, vous pouvez ensuite cibler des événements où vous êtes susceptible de rencontrer ces personnes ou de nouer des relations qui pourraient mener à des recommandations.

Pour les entrepreneurs, le réseautage est une source essentielle pour trouver des partenaires d'affaires, des clients potentiels ou des fournisseurs fiables. Si tel est votre objectif, vous devrez identifier les cercles et événements où se trouvent vos prospects ou partenaires potentiels, tels que des salons professionnels, des conférences sectorielles ou des clubs d'affaires.

Trouver un mentor afin de bénéficier des conseils de personnes plus expérimentées peut être un objectif stratégique de votre réseautage. Pour cela, il est important de cibler des environnements propices à l'établissement de relations avec des professionnels plus expérimentés, tels que des groupes de mentorat ou des communautés de coaching professionnel.

Le réseautage ne concerne pas uniquement la recherche d'opportunités immédiates. Si vous cherchez à acquérir de nouvelles compétences ou à approfondir vos connaissances dans un domaine spécifique, vous pouvez établir des contacts avec des experts dans ce domaine. Votre objectif pourrait être de rejoindre des communautés spécialisées ou des groupes de réflexion où vous pouvez échanger avec des professionnels chevronnés.

Pour certaines personnes, notamment celles qui évoluent dans des domaines créatifs, médiatiques ou d'affaires, un objectif important est d'accroître leur visibilité. Le réseautage peut alors viser à bâtir une réputation en ligne ou à développer une audience professionnelle. Vous pouvez chercher à créer des liens avec des influenceurs, à collaborer avec des personnes ayant une grande visibilité, ou à être invité à des événements publics en tant qu'intervenant.

3. Comment définir des objectifs pour le réseautage

Définir des objectifs de réseautage nécessite une approche méthodique. Une des méthodes les plus efficaces dans un cadre professionnel est la méthode SMART, qui permet de fixer des objectifs précis et réalistes, augmentant ainsi vos chances de succès. SMART signifie : spécifiques, mesurables, atteignables, réalistes, temporellement définis.

Vos objectifs doivent être spécifiques, c'est-à-dire clairs et précis. Par exemple, au lieu de dire "Je veux développer mon réseau", soyez plus concret : "Je veux établir des relations avec au moins trois experts dans le domaine du marketing digital d'ici la fin de l'année".

Ils doivent également être mesurables. Il est essentiel de quantifier vos objectifs pour suivre vos progrès. Par exemple : "Je veux assister à au moins deux événements de réseautage par mois" ou "Je souhaite obtenir au moins cinq recommandations sur LinkedIn d'ici trois mois". Cela vous permet de vérifier si vous êtes sur la bonne voie.

Vos objectifs doivent être atteignables, autrement dit réalistes, en accord avec vos ressources, votre temps et vos compétences. Si vous êtes nouveau dans un secteur, vouloir établir des relations avec des PDG influents en quelques semaines serait irréaliste. Fixez-vous des objectifs que vous pouvez atteindre grâce à un plan d'action structuré.

Il est essentiel que vos objectifs soient pertinents, c'est-à-dire alignés avec vos aspirations professionnelles et les besoins actuels de votre carrière. Par exemple, si vous souhaitez progresser dans le management, cherchez à établir des contacts avec des professionnels de ce domaine, plutôt que dans des secteurs moins en lien avec vos ambitions.

Enfin, vos objectifs doivent être limités dans le temps. Fixez une échéance pour atteindre chacun d'eux. Par exemple : "Je veux rejoindre une association professionnelle d'ici trois mois" ou "Je veux participer à une conférence sectorielle avant la fin de l'année". Cela vous aide à rester motivé et à évaluer vos progrès régulièrement.

4. Stratégies pour atteindre vos objectifs de réseautage

Une fois vos objectifs définis, il est temps de mettre en place des actions concrètes pour les atteindre. Voici des stratégies clés à envisager.

Prenez le temps de planifier où et comment vous allez réseauter. Identifiez les événements, conférences, webinaires, ou plateformes en ligne qui sont en adéquation avec vos objectifs. Établissez un calendrier de réseautage pour vous assurer que vous participez activement à des occasions pertinentes.

Quel que soit votre objectif, il est essentiel d'avoir un pitch personnel clair et percutant. Ce discours de présentation doit être adapté en fonction de la personne avec qui vous souhaitez vous connecter et des circonstances. Par exemple, un pitch pour rencontrer un potentiel recruteur sera différent d'un pitch pour attirer des clients ou des partenaires commerciaux.

Les réseaux sociaux sont aujourd'hui un levier majeur du réseautage professionnel. Pour atteindre vos objectifs, assurez-vous d'optimiser votre profil, de publier du contenu en lien avec vos objectifs (articles, partages, discussions), et d'interagir régulièrement avec les membres de votre réseau. LinkedIn est particulièrement utile pour se connecter avec des professionnels et demander des recommandations.

Il ne suffit pas d'être présent lors d'événements de réseautage. Vous devez vous impliquer activement : poser des questions, partager des expériences, et surtout suivre vos nouvelles connexions après l'événement. L'objectif est de passer d'une rencontre éphémère à une relation plus solide.

Le réseautage n'est pas un effort ponctuel. Pour atteindre des objectifs de long terme, il est important d'entretenir et de renforcer vos relations professionnelles. Prenez régulièrement des nouvelles de vos contacts, proposez votre aide lorsque cela est pertinent, et restez présent dans les esprits en interagissant sur les réseaux sociaux ou en participant à des rencontres.

Chapitre 2

Comprendre l'écosystème des réseaux professionnels

Le réseautage est une pratique complexe et multifacette qui se déroule dans un écosystème varié. Comprendre cet écosystème est essentiel pour exploiter pleinement son potentiel et atteindre vos objectifs de réseautage. Nous allons analyser ses différentes composantes, comprendre leurs spécificités et leur complémentarité, et identifier comment vous pouvez les utiliser pour construire un réseau solide et durable.

1. Présentation de l'écosystème des réseaux professionnels

L'écosystème des réseaux professionnels regroupe l'ensemble des canaux et environnements dans lesquels les professionnels se connectent, échangent et collaborent. Il inclut des outils en ligne comme LinkedIn, des associations professionnelles, des clubs d'affaires, des événements physiques ou virtuels, et bien plus encore.

Cet écosystème est en perpétuelle évolution avec l'essor des technologies numériques, qui ont bouleversé les manières de se connecter et de tisser des relations. Alors qu'autrefois, les interactions professionnelles étaient principalement locales et se déroulaient lors d'événements en face à face, aujourd'hui les plateformes numériques permettent de se connecter avec des professionnels du monde entier en quelques clics.

Cependant, comprendre cet écosystème ne se limite pas à connaître les plateformes disponibles. Il est nécessaire de savoir où et comment engager les bonnes conversations en fonction de vos objectifs et du type de relations que vous souhaitez bâtir. Cela inclut également de comprendre les codes et les attentes des différents environnements de réseautage, que ce soit en ligne ou hors ligne.

2. Les principales composantes de l'écosystème des réseaux professionnels

Les plateformes numériques de réseautage sont devenues essentielles dans l'écosystème professionnel. LinkedIn, par exemple, est un réseau social spécifiquement conçu pour connecter des professionnels, permettant la création de profils et la participation à des discussions. X (anciennement Twitter) est souvent utilisé pour partager des idées et suivre des experts de divers secteurs. Facebook et Instagram, bien que plus orientés vers le social, offrent également des opportunités à travers leurs groupes thématiques. En parallèle, Slack et Discord, initialement conçus pour la communication interne, se sont transformés en espaces de réseautage, hébergeant des communautés professionnelles. Enfin, Clubhouse et d'autres plateformes vocales facilitent les échanges en temps réel, rendant le réseautage plus informel et accessible.

Les événements jouent un rôle essentiel dans l'écosystème du réseautage, qu'ils se déroulent en ligne ou en présentiel, et offrent des opportunités uniques de créer des liens personnels. Parmi eux, les salons professionnels sont des événements de grande envergure où les entreprises présentent leurs produits, permettant aux participants de rencontrer des décideurs et d'établir des contacts stratégiques. Les conférences et séminaires, quant à eux, se concentrent sur le partage de connaissances, réunissant experts et leaders d'opinion, et permettent d'élargir son réseau tout en renforçant son expertise. Enfin, les événements de réseautage pur, tels que les afterworks ou déjeuners informels, favorisent des échanges directs et conviviaux entre professionnels, offrant un cadre moins formel pour tisser des relations.

Les associations professionnelles et les clubs d'affaires sont des éléments essentiels de l'écosystème des réseaux professionnels. Ils réunissent des individus qui partagent des intérêts communs, qu'il s'agisse d'un secteur d'activité ou d'une expertise spécifique. Les associations sectorielles offrent l'accès à des événements, des formations et un réseau pertinent pour les professionnels. Les clubs d'entrepreneurs, quant à eux, permettent aux chefs d'entreprise de se rencontrer, d'échanger des stratégies et de former des partenariats. Enfin, les réseaux alumni des grandes écoles et universités aident les diplômés à rester connectés et à accéder à des opportunités professionnelles tout au long de leur carrière.

Les communautés en ligne et les forums spécialisés constituent une composante croissante de l'écosystème de réseautage, offrant des espaces numériques pour discuter de sujets spécifiques avec des professionnels partageant les mêmes intérêts. Des groupes sur LinkedIn et Facebook permettent d'aborder des questions liées à des secteurs d'activité ou centres d'intérêt particuliers, où les membres peuvent poser des questions, demander des conseils et partager leurs expériences. Parallèlement, des plateformes comme Reddit et Stack Overflow fournissent des espaces pour poser des questions techniques, partager des solutions et débattre des tendances, ce qui vous offre des opportunités de réseautage indirect tout en valorisant votre expertise.

3. Le rôle des interactions informelles dans le réseautage

Bien que les plateformes numériques et les événements formels soient des composantes centrales de l'écosystème des réseaux professionnels, les interactions informelles jouent également un rôle essentiel. Elles se produisent souvent dans des contextes inattendus : un déjeuner d'affaires, une conversation avec un ancien collègue, ou une rencontre fortuite dans un cadre social. Ces échanges informels peuvent aboutir à des relations professionnelles durables et fructueuses, surtout lorsqu'ils sont cultivés avec soin.

4. Comprendre les dynamiques sociales et culturelles

Un aspect souvent sous-estimé du réseautage est la compréhension des dynamiques sociales et culturelles de chaque environnement. Le comportement approprié lors d'un salon professionnel ne sera pas le même que lors d'un événement en ligne ou dans un forum de discussion. De plus, il est important de s'adapter à la culture d'entreprise ou à la nationalité des professionnels avec lesquels vous interagissez. Par exemple, le réseautage aux États-Unis peut être plus direct et axé sur la recherche de résultats, tandis que dans d'autres cultures, la construction de relations personnelles à long terme peut être privilégiée.

5. Maximiser votre impact dans cet écosystème

Concentrez vos efforts sur les plateformes et événements les plus pertinents pour vos objectifs. Si vous cherchez à obtenir des conseils sectoriels, rejoignez une communauté en ligne spécialisée ; si vous souhaitez décrocher un emploi, orientez-vous vers des plateformes comme LinkedIn.

Que ce soit sur votre profil LinkedIn ou lors d'un salon professionnel, votre présentation personnelle et professionnelle doit être claire et engageante.

Construire un réseau, c'est bien, mais l'entretenir dans la durée est encore plus important. Restez en contact avec vos relations, proposez-leur des collaborations, et soyez généreux dans l'échange d'informations ou de recommandations.

Chapitre 3

Créer votre marque personnelle et votre pitch

Dans un environnement professionnel de plus en plus concurrentiel, se démarquer est essentiel. Pour cela, la création d'une marque personnelle forte et d'un pitch percutant est incontournable. Votre marque personnelle constitue l'image que vous projetez auprès des autres, tandis que votre pitch est votre discours de présentation rapide et efficace. Nous allons décrire les étapes clés pour développer votre marque personnelle et élaborer un pitch convaincant qui vous aidera à atteindre vos objectifs de réseautage.

1. Présentation de la notion de marque personnelle

La marque personnelle est un concept emprunté au marketing des entreprises, adapté aux individus. Elle représente la manière dont vous vous présentez, les valeurs que vous défendez, vos compétences et l'impact que vous souhaitez avoir dans votre domaine professionnel. En d'autres termes, c'est l'histoire que vous racontez sur vous-même, que ce soit à travers votre apparence, vos interactions en ligne, vos prises de parole en public, ou encore la manière dont les autres parlent de vous.

Avoir une marque personnelle forte signifie que les gens vous identifient instantanément avec un certain ensemble de qualités et d'expertises. C'est l'ensemble des perceptions que les autres ont de vous. Vous devez contrôler et affiner cette image pour qu'elle corresponde à vos aspirations professionnelles.

2. L'importance de votre marque personnelle

Le monde professionnel est rempli de talents, et beaucoup de personnes possèdent des compétences similaires aux vôtres. Une marque personnelle forte vous permet de vous différencier. Elle vous rend unique et identifiable, ce qui aide les autres à comprendre rapidement ce que vous pouvez leur apporter.

Une marque personnelle bien définie vous permet de gagner la confiance des autres. Elle montre que vous êtes cohérent dans vos actions, vos paroles et vos engagements. En étant reconnu pour vos valeurs et vos compétences, vous gagnez en crédibilité, ce qui facilite vos opportunités de collaboration, de recrutement, ou de partenariat.

Une marque personnelle bien gérée attire les opportunités qui correspondent à vos objectifs. Si vous êtes connu comme un expert dans un domaine précis, les personnes recherchant ces compétences viendront naturellement vers vous. Ainsi, vous passez moins de temps à chercher des opportunités, car ce sont elles qui vous trouvent.

3. Comment définir votre marque personnelle ?

La création de votre marque personnelle commence par une réflexion approfondie sur vous-même, vos compétences, vos valeurs, et vos objectifs. Voici les étapes essentielles pour définir cette marque.

Avant de développer votre marque personnelle, il est essentiel de bien vous connaître en identifiant vos compétences clés, vos points de différenciation, et les valeurs qui guident votre vie professionnelle. En réfléchissant à la manière dont vous pouvez apporter de la valeur aux autres, vous pouvez définir une marque qui reflète vos forces. Par exemple, si vous excellez en gestion de projets et en communication interpersonnelle, vous pourriez orienter votre marque vers une combinaison de compétences techniques et relationnelles.

Votre marque personnelle doit s'adresser à un public spécifique, ce qui implique de définir votre public cible. Qui voulez-vous atteindre avec votre message ? S'agit-il de recruteurs, de clients potentiels, de partenaires d'affaires ou d'autres professionnels de votre secteur ? En définissant clairement votre audience, vous pouvez adapter votre communication et votre image pour qu'elles résonnent avec ces personnes.

Dans un monde professionnel vaste, il est essentiel de trouver votre niche pour mieux vous distinguer. Cela peut être une compétence très spécifique, un secteur d'activité particulier ou une approche unique à un problème courant. En vous concentrant sur un créneau particulier, vous devenez un expert dans ce domaine, ce qui facilite la reconnaissance de votre marque personnelle.

Une fois que vous connaissez vos forces, vos valeurs et votre audience, il est temps de définir votre message clé pour résumer ce que vous voulez que les gens retiennent de vos ambitions professionnelles. Ce message doit être clair, concis et aligné avec vos objectifs. Par exemple, si vous êtes un consultant en marketing digital spécialisé dans les PME, votre message clé pourrait être : "J'aide les petites entreprises à augmenter leur visibilité en ligne grâce à des stratégies de marketing digital personnalisées".

Une marque personnelle forte repose sur la cohérence. Votre comportement en ligne, votre manière de vous présenter lors d'événements en présentiel, et même la façon dont vous interagissez avec vos collègues doivent être en harmonie avec l'image que vous souhaitez véhiculer. Chaque point de contact avec votre réseau professionnel doit renforcer votre message et vos valeurs.

4. Le cas particulier de votre marque personnelle en ligne

À l'ère numérique, la présence en ligne est l'un des aspects les plus visibles de votre marque personnelle. Suivez nos conseils pour gérer efficacement votre marque en ligne.

LinkedIn est sans doute l'outil le plus important pour promouvoir votre marque personnelle en ligne. Optimisez votre profil avec une photo professionnelle, un titre pertinent et un résumé qui met en avant vos compétences et vos objectifs. Votre résumé LinkedIn doit être un prolongement de votre message clé. Il doit expliquer ce que vous faites et ce que vous pouvez apporter à votre réseau.

En plus de LinkedIn, d'autres réseaux comme X (anciennement Twitter) ou des plateformes spécialisées dans votre domaine peuvent être utiles. Publiez régulièrement du contenu qui reflète vos compétences et vos intérêts professionnels, partagez des articles pertinents, commentez les actualités de votre secteur, et participez à des discussions pour augmenter votre visibilité.

Une manière puissante de renforcer votre marque personnelle est de créer du contenu : des articles, des vidéos, des podcasts, ou des infographies. Ce contenu permet de montrer votre expertise et de vous positionner comme un leader d'opinion dans votre domaine. Par exemple, si vous travaillez dans le marketing digital, rédiger des articles sur les dernières tendances du secteur peut attirer des personnes intéressées par votre expertise.

Nous développerons davantage l'utilisation de ces outils en ligne et leur impact sur votre stratégie de réseautage.

5. Créer un pitch percutant

Le pitch est l'un des éléments clés pour exprimer rapidement et efficacement votre marque personnelle. C'est une présentation concise, généralement de 30 secondes à 2 minutes, qui vous permet d'expliquer qui vous êtes, ce que vous faites, et ce que vous pouvez apporter. Que ce soit lors d'une conversation en face à face ou dans un cadre en ligne, votre pitch est votre carte de visite verbale.

La première chose que vous devez faire dans votre pitch est de vous présenter de manière claire et engageante. Cela inclut votre nom et votre titre professionnel ou votre fonction principale. Par exemple : "Je suis Sarah Dupont, consultante en marketing digital spécialisée dans la stratégie de contenu pour les entreprises B2B".

Vous devez ensuite expliquer clairement ce que vous faites. Votre interlocuteur doit comprendre rapidement la nature de votre activité et sa pertinence pour lui. Soyez précis et concis. Évitez les descriptions vagues et optez pour une explication directe de votre expertise.

Mettre en avant vos compétences ou réalisations clés est essentiel. Mentionnez une compétence principale ou une réalisation significative. Si vous avez aidé une entreprise à augmenter son chiffre d'affaires de 20 % grâce à vos stratégies, dites-le. Cela donne du poids à votre présentation et permet à votre interlocuteur de mieux comprendre l'impact que vous pouvez avoir.

Votre pitch doit être flexible et s'adapter à l'audience à laquelle vous vous adressez. Un recruteur pourrait s'intéresser à vos compétences et à votre expérience, tandis qu'un potentiel client sera plus attentif aux solutions que vous pouvez lui apporter.

Terminez votre pitch avec un appel à l'action clair. Il peut consister à demander un rendez-vous, proposer une collaboration, ou simplement inviter à rester en contact. Par exemple : "J'aimerais beaucoup discuter davantage de vos besoins en stratégie de contenu et voir comment nous pourrions collaborer".

6. Exemple de pitch

Voici un exemple de pitch concis mais efficace : "Bonjour, je suis Jean Martin, expert en gestion de projets IT avec plus de dix ans d'expérience. J'ai récemment dirigé la transformation digitale d'une grande entreprise, réduisant ses coûts de 15 % tout en améliorant l'efficacité opérationnelle. Je serais ravi de discuter de vos projets informatiques et de voir comment je peux vous aider à atteindre vos objectifs".

7. Perfectionner votre pitch

Votre pitch doit être régulièrement pratiqué et ajusté pour gagner en aisance et en fluidité. Pour le perfectionner, répétez-le souvent devant un miroir ou avec des amis, sollicitez des retours pour l'améliorer, et adaptez-le en fonction du contexte et de votre audience.

Chapitre 4

L'état d'esprit du réseauteur efficace

Dans le monde professionnel d'aujourd'hui, le réseautage est devenu une compétence essentielle pour progresser dans nos carrières et développer nos affaires. Cependant, pour réseauter efficacement, il ne suffit pas d'appliquer des techniques. Votre état d'esprit joue un rôle déterminant dans votre capacité à établir des connexions positives et à tirer le meilleur parti de chaque interaction.

1. L'importance d'une mentalité positive

Une mentalité positive est essentielle pour influencer vos interactions et la perception de vos contacts. Soyez optimiste, croyez en vos compétences et en votre capacité à aborder chaque situation avec confiance, ce qui favorisera les interactions avec les autres. En cas d'échec, apprenez de ces expériences pour les surmonter et ajuster votre stratégie, plutôt que de vous décourager après un refus ou une rencontre décevante.

2. La volonté d'aider

Le réseautage doit être perçu comme un échange altruiste plutôt que transactionnel. En offrant votre aide, vos conseils ou vos connexions sans attendre de retour, vous montrez votre engagement à construire des relations basées sur la confiance. De plus, l'écoute active est essentielle. Un bon réseauteur pose des questions ouvertes et écoute attentivement, ce qui permet de mieux comprendre les attentes des autres et d'identifier des opportunités de collaboration.

3. L'ouverture d'esprit

Pour être efficace, vous devez être ouvert d'esprit, ce qui implique d'être prêt à rencontrer des personnes de divers horizons et à accepter des perspectives différentes. Élargir votre réseau en vous connectant avec des individus de différents secteurs, âges ou cultures enrichit votre expérience et vous offre des insights précieux. De plus, cette ouverture favorise l'adaptabilité, une qualité essentielle pour naviguer dans des environnements professionnels en constante évolution.

4. La confiance en soi

La confiance en soi est essentielle pour réseauter efficacement. Elle permet d'interagir avec assurance. Pour renforcer votre confiance, préparez-vous avant chaque événement en vous informant sur les participants et en répétant votre pitch. N'oubliez pas que l'imperfection est normale. Chaque interaction est une occasion d'apprentissage. Il est important de ne pas laisser la peur de l'échec vous paralyser.

5. La curiosité

La curiosité est primordiale dans une démarche de réseautage. Elle favorise l'apprentissage et la compréhension des autres. N'hésitez pas à poser des questions approfondies pour mieux connaître les expériences et les obstacles rencontrés par vos interlocuteurs, ce qui montre que vous avez un intérêt réel à suivre la discussion. Restez également ouvert à l'exploration de nouveaux domaines et à l'apprentissage de nouvelles compétences, ce qui va enrichir vos connaissances et vous aidera à mieux saisir les besoins des autres.

6. L'engagement sur le long terme

Engagez-vous sur le long terme dans vos relations professionnelles. Pour cela, vous pouvez après une rencontre envoyer un email de remerciement ou un message sur LinkedIn. Entretenez vos relations au fil du temps en partageant des ressources intéressantes ou en proposant des rencontres, sans attendre qu'un besoin se manifeste. Cela maintient la relation vivante et renforce la confiance mutuelle.

Partie 2

Techniques pour créer et élargir votre réseau

Chapitre 5

Optimiser votre profil et votre usage de LinkedIn

Après avoir surpassé ses concurrents Viadeo et Xing, LinkedIn est devenu la plateforme incontournable pour le réseautage professionnel. Avec plus de 900 millions d'utilisateurs dans le monde, ce site offre une multitude d'opportunités pour se connecter, partager des idées et trouver des emplois. Cependant, pour tirer le meilleur parti de LinkedIn, il est essentiel d'optimiser votre profil afin qu'il se distingue et qu'il reflète efficacement votre marque personnelle. Nous allons décrire comment créer un profil LinkedIn convaincant, avant d'expliquer les meilleures pratiques pour maximiser votre visibilité et votre impact sur ce réseau social.

1. Créer un profil complet et professionnel

La première étape pour optimiser votre profil LinkedIn est de le compléter entièrement. Un profil bien rempli augmente vos chances d'être trouvé par d'autres professionnels et recruteurs.

Votre photo doit être claire, de bonne qualité et montrer votre visage. Évitez les selfies ou les photos de groupe ; une image où vous êtes habillé de manière professionnelle est idéale pour créer une première impression positive.

Votre titre est l'un des premiers éléments que les gens voient. Il doit donc être informatif et refléter votre expertise. Par exemple, au lieu de simplement mettre "Consultant", vous pourriez écrire "Consultant en marketing digital | Spécialiste en stratégie de contenu pour les PME".

Le résumé est l'endroit où vous pouvez exprimer votre histoire professionnelle. Utilisez-le pour expliquer qui vous êtes, vos compétences clés, vos réalisations et vos objectifs. Écrivez-le dans un style engageant, en utilisant la première personne, et n'hésitez pas à inclure des mots-clés pertinents pour améliorer votre référencement.

2. Mettre en avant vos compétences et vos expériences

Une fois votre profil complété, il est essentiel de mettre en avant vos compétences et expériences.

LinkedIn permet d'ajouter jusqu'à 50 compétences. Choisissez celles qui sont les plus pertinentes pour votre domaine. Ces compétences peuvent être validées par vos contacts, ce qui renforce votre crédibilité.

Détaillez vos expériences passées en indiquant les postes que vous avez occupés, les entreprises pour lesquelles vous avez travaillé, ainsi que les réalisations notables. Utilisez des verbes d'action et quantifiez vos résultats lorsque c'est possible, par exemple, "Augmentation des ventes de 30 % en un an".

3. Personnaliser l'URL de votre profil

Une autre manière d'optimiser votre profil est de personnaliser son URL. Cela le rend plus professionnel et plus facile à partager. Pour cela, accédez à votre profil et cliquez sur "Modifier le profil public et l'URL" en bas à droite de la page. Cliquez sur "Modifier l'URL" et choisissez une version simplifiée, généralement composée de votre nom et prénom, par exemple, www.linkedin.com/in/votrenom.

4. Publier et partager du contenu

Pour augmenter votre visibilité et établir votre expertise, il est essentiel de publier et de partager du contenu pertinent. Rédigez des articles sur des sujets qui vous passionnent ; cela vous positionne comme un expert et attire l'attention des professionnels de votre secteur. Publiez régulièrement des actualités, des conseils ou des réflexions personnelles, et engagez-vous avec le contenu des autres en commentant et en partageant des publications pertinentes pour stimuler des discussions.

5. Développer votre réseau de manière stratégique

Un profil optimisé n'a de sens que si vous l'accompagnez d'une stratégie de développement de réseau efficace.

Lorsque vous souhaitez vous connecter avec quelqu'un, évitez d'utiliser le message par défaut. Écrivez un message court expliquant pourquoi vous souhaitez vous connecter et ce que vous appréciez chez cette personne. Cela montre votre intérêt et augmente vos chances d'acceptation.

Rejoindre des groupes liés à votre secteur ou à vos centres d'intérêt peut être un excellent moyen de rencontrer de nouvelles personnes. Participez activement aux discussions pour vous faire connaître et échanger des idées.

6. Demander des recommandations

Les recommandations de vos anciens collègues, clients ou employeurs renforcent votre crédibilité. Elles agissent comme des témoignages de votre travail et de votre caractère.

Pour obtenir des recommandations, adressez-vous à des personnes avec qui vous avez travaillé et qui peuvent attester de vos compétences et de votre impact. Personnalisez votre demande en expliquant pourquoi leur recommandation est importante pour vous.

Soyez prêt à rendre la pareille en offrant d'écrire des recommandations pour les autres. Cela démontre votre volonté de soutenir votre réseau et incite les autres à faire de même.

7. Être actif et engagé

Un profil LinkedIn doit être dynamique. Pour cela, soyez régulièrement présent et actif sur la plateforme.

Prenez l'initiative d'élargir votre réseau en vous connectant avec des personnes que vous rencontrez lors d'événements, des anciens camarades de classe ou des collègues.

Aimez, commentez et partagez les publications de votre réseau. Cela renforce vos relations et vous maintient présent dans l'esprit de vos connexions.

8. Mettre régulièrement à jour votre profil

Votre profil LinkedIn doit être actualisé régulièrement. Cela inclut l'ajout de nouvelles expériences, de compétences acquises ou de projets réalisés.

Réévaluez votre profil tous les six mois pour vous assurer qu'il reflète vos réalisations les plus récentes.

Si vous suivez des cours en ligne ou obtenez des certifications, n'oubliez pas de les ajouter à votre profil pour mettre en avant votre volonté d'apprendre et de vous perfectionner.

Chapitre 6

Réseauter lors d'événements professionnels.

Les événements professionnels, qu'il s'agisse de conférences, de salons, d'ateliers ou de séminaires, constituent des occasions privilégiées pour développer son réseau et établir des connexions significatives. Cependant, le simple fait d'assister à ces événements ne suffit pas ; il est essentiel d'adopter une stratégie efficace pour tirer le meilleur parti de chaque opportunité. Nous allons décrire comment préparer, participer et effectuer un suivi efficace lors des événements professionnels pour maximiser votre impact.

1. Préparation avant l'événement

Avant de vous rendre à l'événement, clarifiez vos objectifs. Que souhaitez-vous accomplir ? Désirez-vous rencontrer des leaders d'opinion, échanger des idées avec des pairs ou trouver de nouveaux clients ? Avoir des objectifs clairs vous aidera à orienter vos efforts.

Informez-vous sur les intervenants, les exposants et les participants présents. Identifiez les personnes avec lesquelles vous souhaitez vous connecter et notez des points de discussion pertinents. Cela vous permettra de vous préparer à engager des conversations significatives. De nombreux événements offrent des applications qui permettent de voir la liste des participants, de planifier des réunions et de participer à des discussions en ligne. N'hésitez pas à profiter de ces outils.

Ayez un pitch concis et engageant prêt à l'emploi. Votre pitch doit résumer qui vous êtes, ce que vous faites et ce que vous recherchez. Pratiquez-le pour qu'il soit fluide et naturel.

Assurez-vous d'avoir suffisamment de cartes de visite à portée de main. Une carte de visite bien conçue laisse une impression durable et facilite les suivis.

2. Engager des conversations

N'attendez pas que les autres viennent vers vous. Prenez l'initiative d'aborder des personnes que vous ne connaissez pas. Un simple sourire et une présentation amicale peuvent ouvrir la voie à une discussion enrichissante.

Commencez la conversation par un sujet léger ou en posant une question sur l'événement lui-même. Par exemple, demandez-leur ce qu'ils ont pensé d'une présentation ou d'un exposé. Cela aide à briser la glace et à établir un lien.

Lors des échanges, montrez un réel intérêt pour ce que dit votre interlocuteur. Posez des questions ouvertes et encouragez-les à partager leurs idées. L'écoute active favorise des conversations plus profondes et authentiques.

3. Établir des contacts

Identifiez des points communs avec vos interlocuteurs, qu'ils soient liés à votre secteur d'activité, à des objectifs professionnels similaires ou même à des passe-temps partagés. Ces éléments facilitent l'établissement d'une relation.

Lorsque vous sentez qu'un contact a été établi, proposez d'échanger vos cartes de visite. Prenez le temps d'écrire une note sur la carte de votre interlocuteur pour vous souvenir de votre discussion lors du suivi.

Soyez vous-même. Les gens sont plus enclins à discuter avec ceux qui sont sincères et transparents. N'hésitez pas à partager vos expériences personnelles et vos passions.

4. Suivi après l'événement

Le suivi est une étape essentielle qui peut faire la différence entre une simple conversation et une relation durable.

Dans les 48 heures suivant l'événement, envoyez un message personnalisé à chaque personne que vous avez rencontrée. Remerciez-les pour la conversation et mentionnez un point spécifique de votre discussion pour montrer que vous vous en souvenez.

Envoyez à vos nouveaux contacts une invitation sur LinkedIn, en ajoutant un message personnalisé qui rappelle votre rencontre. Cela facilitera le maintien de la relation à long terme.

Si vous avez évoqué des articles, des livres ou des événements lors de vos conversations, n'hésitez pas à partager ces ressources dans vos messages de suivi. Cela montre votre engagement et votre désir de contribuer à la relation.

Recherchez des groupes LinkedIn ou Facebook dédiés à l'événement. Ces plateformes vous permettent de continuer les discussions entamées lors de l'événement et de rester en contact avec d'autres participants.

5. Apprendre et s'améliorer

Réfléchissez à ce qui a bien fonctionné lors d'un événement et à ce qui pourrait être amélioré. Avez-vous atteint vos objectifs ? Avez-vous rencontré des personnes intéressantes ? Cette auto-évaluation vous aidera à vous préparer pour les événements futurs.

Si vous assistez régulièrement à des événements avec des collègues ou des amis, demandez-leur des retours sur votre approche. Ils peuvent vous fournir des perspectives précieuses sur la façon d'améliorer vos compétences en réseautage.

Chapitre 7

Comment demander des recommandations et des mises en relation

Dans le monde du réseautage professionnel, les recommandations et les mises en relation sont des outils puissants pour élargir votre réseau et ouvrir des portes vers de nouvelles opportunités. Savoir comment solliciter ces éléments de manière appropriée est essentiel pour maintenir des relations solides et professionnelles. Nous allons décrire les stratégies efficaces pour demander des recommandations et des mises en relation.

1. Comprendre l'importance des recommandations et des mises en relation

Les recommandations jouent un rôle essentiel en renforçant votre crédibilité, en facilitant les opportunités d'emploi, et en établissant des relations de confiance. Un témoignage positif de collègues, clients ou employeurs met en valeur vos compétences et votre professionnalisme. Cela augmente vos chances d'être remarqué par des employeurs potentiels, car une recommandation témoigne de la confiance qu'une personne place en vous.

Les mises en relation, quant à elles, sont un levier précieux pour élargir votre réseau. Elles vous permettent de vous connecter à des contacts pertinents, ouvrant ainsi des opportunités de collaboration, de nouveaux projets ou de conseils. Une mise en relation initiée par une personne de confiance vous aide à accéder à des opportunités autrement difficiles à atteindre.

Les mises en relation mutuelles peuvent avoir un impact encore plus puissant. Lorsque deux personnes sont présentées l'une à l'autre par un tiers, cela crée un lien de confiance plus rapidement et renforce les interactions. En vous faisant recommander par une personne de confiance, vous augmentez vos chances d'être bien perçu et d'obtenir de nouvelles opportunités. À l'inverse, en facilitant des mises en relation entre d'autres membres de votre réseau, vous renforcez également vos propres relations en montrant que vous valorisez vos contacts.

2. Préparer votre demande

Avant de demander une recommandation ou une mise en relation, il est important de bien choisir les personnes à solliciter. Identifiez des contacts qui connaissent bien votre travail et qui sont bien placés pour vous soutenir, comme d'anciens employeurs, collègues ou clients.

Clarifiez ensuite votre objectif : pourquoi cette recommandation ou mise en relation est-elle importante pour vous ? Soyez précis dans votre demande afin de faciliter la tâche de votre contact. Expliquez comment cette introduction ou ce témoignage pourrait vous être bénéfique et ce que vous espérez en tirer.

3. Comment demander des recommandations et des mises en relation

Lorsque vous demandez une recommandation ou une mise en relation, il est essentiel de choisir le bon moment et d'utiliser le canal de communication approprié. Selon la nature de votre relation, cela peut être un e-mail, un message sur LinkedIn, ou un appel téléphonique. Soyez toujours poli et respectueux dans votre approche.

Pour une recommandation, vous pouvez proposer un modèle ou des points spécifiques à inclure, ce qui facilitera le travail de votre contact. Soyez flexible, en permettant à la personne d'ajuster ou de personnaliser le texte selon ses préférences.

Dans le cadre des mises en relation mutuelles, soyez clair sur la personne que vous souhaitez rencontrer et sur le but de cette introduction. Proposez une valeur ajoutée pour rendre la mise en relation plus facile et plus naturelle, en expliquant ce que vous pourriez apporter à cette nouvelle connexion. Une approche gagnant-gagnant montre que vous ne cherchez pas seulement à obtenir, mais aussi à contribuer.

4. Faciliter les mises en relation et faire un suivi

Après avoir obtenu une mise en relation, prenez l'initiative pour rendre l'interaction productive. Rédigez un e-mail ou un message qui présente clairement les deux parties et les raisons de cette connexion. Proposez un format de rencontre, que ce soit un appel, un café ou une discussion en ligne, et restez en contact avec les deux personnes pour maintenir la dynamique de l'introduction.

Le suivi est tout aussi essentiel après avoir reçu une recommandation ou une mise en relation. Envoyez un message de remerciement à la personne qui vous a aidé, et informez-la des résultats obtenus grâce à son soutien. Partagez, par exemple, si vous avez décroché un entretien ou commencé une nouvelle collaboration grâce à cette connexion. Cela renforce la relation et montre que vous valorisez l'aide apportée.

5. Maximiser les bénéfices des mises en relation mutuelles

Les mises en relation mutuelles doivent être développées sur le long terme. Engagez-vous activement dans la relation en écoutant attentivement, en partageant des ressources utiles, et en proposant des collaborations potentielles. Ne vous reposez pas sur l'autre personne pour entretenir la relation : prenez l'initiative pour organiser des rencontres régulières ou pour participer à des projets communs. Cela aidera à construire une relation solide et réciproque.

Il est également important de penser aux mises en relation réciproques. Si vous avez bénéficié d'une connexion mutuelle, réfléchissez à ce que vous pourriez offrir en retour. Présentez à votre tour des personnes pertinentes de votre réseau et créez une culture d'échange et d'entraide.

6. Éviter les erreurs courantes

Enfin, pour maximiser vos chances de succès lors de demandes de recommandations ou mises en relation, évitez quelques erreurs courantes. Ne soyez pas trop insistant si votre contact ne se sent pas à l'aise de vous soutenir, car cela peut nuire à votre relation. Assurez-vous de personnaliser votre demande plutôt que d'envoyer des messages génériques. Et, surtout, n'oubliez pas de faire un suivi après avoir reçu de l'aide pour montrer que vous valorisez la relation.

Partie 3

Utiliser les réseaux sociaux et outils numériques

Chapitre 8

Utiliser Twitter pour se connecter avec des influenceurs

Twitter, qui a changé sa dénomination pour X, constitue une plateforme dynamique pour engager des conversations, partager des idées et établir des connexions avec des influenceurs dans divers domaines. Nous allons décrire comment utiliser Twitter d'une manière stratégique pour construire votre réseau professionnel, interagir avec des leaders d'opinion et tirer parti des opportunités qu'offre cette plateforme.

1. Comprendre l'importance de Twitter dans le réseautage

Twitter est une plateforme de microblogging qui permet de partager instantanément des pensées, des informations et des contenus. Ce réseau social s'avère précieux pour se tenir informé des dernières tendances et des nouvelles dans un secteur donné, tout en favorisant l'interaction directe avec des influenceurs, des entreprises et des experts. De plus, la possibilité de partager, retweeter et commenter les tweets augmente la visibilité du contenu et du profil des utilisateurs, élargissant ainsi leur portée.

Les influenceurs sur Twitter jouent un rôle essentiel en partageant des informations, des opinions et des ressources avec leurs abonnés, ce qui les rend précieux pour ceux qui souhaitent élargir leur réseau. Leur soutien, comme une mention ou un retweet, peut considérablement accroître votre visibilité et votre crédibilité. De plus, ces influenceurs ont la capacité d'ouvrir des portes en vous introduisant à d'autres professionnels et en facilitant l'accès à des opportunités de collaboration.

2. Créer un profil Twitter efficace

Votre bio Twitter constitue votre première impression auprès du public, il est donc essentiel de l'optimiser en étant concis et clair. Utilisez des mots-clés pertinents pour décrire votre profession, votre expertise et vos intérêts. Ajoutez également un appel à l'action pour inciter les gens à vous suivre en précisant ce qu'ils peuvent attendre de votre contenu. Enfin, incluez un lien vers votre site web, portfolio ou profil LinkedIn pour faciliter les connexions.

Pour établir la confiance, choisissez une photo professionnelle qui soit claire et représentative de vous-même. Pensez également à utiliser une bannière engageante qui reflète votre personnalité ou véhicule un message fort en lien avec votre domaine, afin d'attirer l'attention et de créer un impact positif sur les visiteurs de votre profil.

3. Identifier les influenceurs pertinents

Pour identifier des influenceurs pertinents dans votre domaine, utilisez des outils de recherche tels que Followerwonk, BuzzSumo, ou la fonction de recherche de Twitter. Il est également important de suivre les tendances en observant les hashtags populaires dans votre secteur, ce qui vous permettra d'identifier les utilisateurs qui génèrent le plus d'engagement et d'interaction.

Examinez l'activité des influenceurs en analysant leurs tweets pour comprendre le type de contenu qu'ils partagent et la manière dont ils interagissent avec leur public. Évaluez également leur portée en tenant compte du nombre de followers, du taux d'engagement et de la qualité de leurs interactions, afin de déterminer leur influence réelle dans votre domaine.

4. Établir un contact

Pour établir un contact avec les influenceurs, commencez par les suivre sur Twitter afin de rester informé de leur contenu et de leurs activités. Réagissez sur leurs tweets en les retweetant ou en les aimant, ce qui non seulement attire leur attention, mais montre également votre appréciation pour leur travail et leur expertise.

Impliquez-vous dans les discussions des influenceurs en répondant à leurs tweets avec des commentaires pertinents qui démontrent votre expertise et partagent vos idées. Pour maximiser votre visibilité, utilisez des hashtags populaires dans votre domaine lorsque vous tweetez vos réponses ou du contenu, ce qui vous permettra d'atteindre un public plus large et de vous faire remarquer par d'autres professionnels.

5. Demander une mise en relation ou un échange

Lorsque vous sollicitez une mise en relation, il est essentiel d'être respectueux et direct en exprimant clairement ce que vous recherchez et pourquoi ce contact serait bénéfique. Assurez-vous d'expliquer votre intérêt pour la personne spécifique avec qui vous souhaitez discuter, en précisant ce que vous espérez accomplir grâce à cette relation.

Pour augmenter vos chances d'obtenir l'aide des influenceurs, proposez un échange mutuellement bénéfique en offrant des informations, des ressources ou une collaboration en retour. Faites preuve de patience et évitez d'être insistant, car il est important de laisser à l'influenceur le temps de considérer votre demande sans pression.

6. Maintenir la relation

Pour montrer votre gratitude envers un influenceur qui vous aide, exprimez votre reconnaissance de manière appropriée, que ce soit par un message privé ou en engageant des discussions sur ses publications. En continuant à soutenir ses efforts en partageant son contenu, vous témoignez ainsi de votre engagement envers son travail.

Entretenir le contact avec les influenceurs est essentiel pour développer votre relation. Envoyez-leur des messages occasionnels pour prendre de leurs nouvelles ou partager des articles susceptibles de les intéresser. De plus, si vous participez à des événements, n'hésitez pas à les inviter, car cela peut renforcer votre lien et ouvrir la voie à de nouvelles opportunités de collaboration dans le futur.

7. Évaluer et ajuster votre stratégie

Pour optimiser votre présence sur Twitter, il est essentiel d'analyser votre engagement à l'aide d'outils comme Twitter Analytics, qui vous permettent de suivre vos performances sur la plateforme. En observant quels tweets génèrent le plus d'engagement, vous pouvez ajuster votre stratégie pour mieux capter l'attention de votre audience. Par ailleurs, évaluez la qualité de vos connexions en déterminant si vos interactions avec des influenceurs aboutissent à des résultats concrets, tels que de nouvelles opportunités ou des collaborations.

Il est essentiel d'adapter votre approche en fonction des résultats de votre analyse. Si certains types de contenu ne suscitent pas l'engagement escompté, explorez de nouveaux formats pour captiver votre audience. Restez flexible et attentif aux évolutions des tendances sur Twitter, tout en continuant à vous former sur les nouvelles techniques et pratiques de réseautage, afin d'améliorer votre impact sur la plateforme.

Chapitre 9

Instagram et les réseaux visuels : un atout pour certains secteurs

Si vous travaillez dans un secteur créatif ou toute autre industrie où l'image et l'esthétique jouent un rôle central, savoir utiliser Instagram efficacement peut vous permettre d'établir des relations significatives, de développer votre marque personnelle et de faire progresser votre carrière. Nous allons décrire comment utiliser Instagram et d'autres réseaux visuels pour maximiser votre potentiel professionnel.

1. La puissance d'Instagram dans le monde professionnel

Instagram est une plateforme axée sur l'image avec plus d'un milliard d'utilisateurs actifs par mois, ce qui offre une portée exceptionnelle. Cette popularité s'explique par un engagement élevé, car les contenus visuels suscitent généralement plus d'interactions que les textes, incitant les utilisateurs à aimer, commenter et partager des photos et vidéos. De plus, Instagram permet aux professionnels de raconter leur histoire et de construire leur marque personnelle de manière authentique, tout en offrant la possibilité de découvrir de nouvelles tendances en suivant des leaders d'opinion et des hashtags pertinents dans leur secteur.

Bien qu'Instagram soit bénéfique pour de nombreux secteurs, certains domaines en tirent plus particulièrement profit. Dans le secteur de la mode et de la beauté, les marques exploitent la plateforme pour présenter leurs produits à travers des campagnes visuelles captivantes. Les artistes, designers et photographes utilisent également Instagram pour exposer leur travail et attirer l'attention sur leurs créations. Par ailleurs, les restaurants et chefs partagent des images alléchantes de leurs plats, attirant ainsi une clientèle gourmande, tandis que les influenceurs et entreprises du voyage utilisent la plateforme pour inspirer les utilisateurs à explorer de nouvelles destinations.

2. Créer un profil Instagram efficace

Pour optimiser votre bio sur Instagram, il est essentiel d'être concis et engageant en résumant qui vous êtes et ce que vous faites en quelques mots percutants. L'utilisation d'émojis peut rendre votre bio plus attrayante visuellement et permettre d'exprimer votre personnalité de manière ludique. Enfin, n'oubliez pas d'inclure un lien vers votre site web, votre portfolio ou tout projet que vous souhaitez promouvoir, maximisant ainsi l'impact de votre profil.

Maintenir une esthétique harmonieuse sur votre profil Instagram est essentiel pour créer une identité visuelle forte. Cela implique d'utiliser une palette de couleurs et un style visuel qui reflètent votre personnalité ou votre marque. Pour assurer cette cohérence, il est conseillé de planifier votre contenu à l'avance à l'aide d'outils de planification comme Later ou Buffer, permettant ainsi d'organiser vos publications et de préserver une apparence unifiée sur votre profil.

3. Créer du contenu engageant

Pour maximiser l'engagement sur Instagram, privilégiez la publication de photos de haute qualité qui mettent en valeur votre travail ou vos produits. Les vidéos courtes, comme les Reels et les Stories, sont également efficaces pour capter l'attention et engager votre audience de manière dynamique. Enfin, n'hésitez pas à partager des publications éducatives, telles que des conseils ou des tutoriels, qui apportent de la valeur à votre communauté tout en renforçant votre expertise dans votre domaine.

Raconter une histoire sur Instagram peut significativement enrichir votre contenu. Utilisez des légendes qui complètent vos visuels pour encourager l'interaction, en posant des questions ou en partageant des anecdotes captivantes. Les Stories, quant à elles, sont idéales pour offrir un aperçu de votre quotidien, partager des moments en coulisse et communiquer des informations récentes, ce qui permet de créer un lien plus personnel avec votre audience.

4. Interagir avec votre communauté

Pour renforcer votre communauté sur Instagram, il est essentiel de prendre le temps de répondre aux commentaires et aux messages directs, ce qui participe à la création d'une plus grande proximité avec vos abonnés. En posant des questions dans vos publications, vous pouvez également inciter les utilisateurs à interagir davantage, ce qui enrichit l'engagement global de votre compte.

La collaboration avec d'autres professionnels de votre secteur d'activité peut offrir des opportunités précieuses pour élargir votre réseau. Identifiez des partenaires potentiels avec lesquels vous pourriez travailler sur des projets ou des publications croisées. Participer à des événements Instagram Live est également une excellente stratégie, car cela vous permet d'interagir en temps réel avec votre audience tout en partageant des connaissances ou en engageant des discussions avec d'autres experts.

5. Utiliser les hashtags stratégiquement

Pour maximiser la portée de vos publications sur Instagram, il est essentiel de rechercher des hashtags pertinents dans votre domaine, en identifiant ceux qui sont populaires et en lien avec votre contenu. Utilisez une combinaison de hashtags largement utilisés et de hashtags de niche, ce qui vous permettra d'atteindre à la fois un large public et des segments spécifiques intéressés par votre domaine d'expertise.

Vous pouvez créer un hashtag de marque qui vous permet de vous identifier. Développez un hashtag unique qui représente votre marque ou vos projets, puis encouragez vos abonnés à l'utiliser dans leurs propres publications. Pour augmenter la visibilité de ce hashtag, mentionnez-le régulièrement dans vos publications et incitez les autres à l'adopter, ce qui renforcera votre présence en ligne et favorisera l'engagement autour de votre marque.

6. Mesurer votre succès

Pour optimiser votre présence sur Instagram, il est essentiel d'analyser vos données à l'aide des outils d'analyse intégrés de la plateforme. Ces outils vous permettent de suivre les performances de vos publications, ainsi que l'engagement et la croissance de vos abonnés. En évaluant votre audience, vous pourrez mieux comprendre qui interagit avec votre contenu, ce qui vous aidera à ajuster votre stratégie en conséquence.

Il est également essentiel d'expérimenter différents types de contenu et d'approches afin de déterminer ce qui résonne le mieux avec votre audience. Restez flexible et adaptez votre stratégie en fonction des tendances émergentes sur Instagram, ainsi que des retours que vous recevez de votre communauté. Cette adaptabilité vous permettra de maximiser l'impact de vos publications et d'améliorer l'engagement global de votre profil.

7. Éviter les erreurs courantes

Lors de l'utilisation d'Instagram pour le réseautage, il est important d'éviter certains pièges courants. Tout d'abord, privilégiez la sincérité en restant vous-même et en évitant de publier des images trop retouchées ou de créer une façade trop parfaite, car les utilisateurs apprécient la sincérité. Ensuite, trouvez un équilibre dans votre fréquence de publication : assurez-vous de rester visible en postant régulièrement, tout en évitant de submerger vos abonnés avec un trop grand nombre de contenus en peu de temps.

Chapitre 10

Facebook : réseau personnel et professionnel

Facebook, souvent considéré comme un simple réseau social pour rester en contact avec des amis et la famille, est également un outil puissant pour le réseautage professionnel. Avec plus de 2,9 milliards d'utilisateurs actifs mensuels, Facebook offre une plateforme unique pour établir des connexions, partager des connaissances et développer des relations professionnelles. Nous allons expliquer comment tirer parti de Facebook pour le réseautage, en équilibrant le personnel et le professionnel.

1. Comprendre le rôle de Facebook dans le réseautage professionnel

Facebook a évolué pour devenir bien plus qu'un simple espace pour publier des photos de vacances. Cette plateforme est pertinente pour le réseautage, car elle permet de créer et de rejoindre des groupes selon des intérêts ou des professions, ce qui facilite la mise en relation de personnes qui partagent les mêmes passions ou activités. De plus, les entreprises et les organisations utilisent Facebook pour promouvoir des événements, ce qui offre aux professionnels l'occasion de s'inscrire et de rencontrer d'autres membres travaillant dans des domaines similaires. Enfin, le partage d'articles, de ressources et d'idées favorise les discussions enrichissantes et le partage de connaissances.

Facebook se distingue par sa capacité à combiner des éléments personnels et professionnels, offrant à la fois des avantages et des défis. La possibilité de se connecter avec des amis, des collègues et des contacts professionnels au même endroit simplifie le réseautage, car une connexion personnelle peut souvent renforcer les relations professionnelles. Toutefois, il peut être difficile de trouver un équilibre entre les contenus personnels et professionnels, d'où la nécessité d'une gestion attentive de votre image et de vos interactions sur la plateforme.

2. Créer un profil Facebook efficace

Pour optimiser votre présence sur Facebook, commencez par choisir une photo de profil claire et professionnelle, car c'est souvent la première impression que les utilisateurs auront de vous. Complétez cela avec une image de couverture attrayante qui reflète votre personnalité ou votre domaine professionnel, que ce soit à travers une photo de vous au travail, un slogan inspirant ou un aperçu de vos projets.

Rédigez une bio percutante qui résume clairement qui vous êtes, ce que vous faites et ce que vous recherchez. Utilisez des mots-clés pertinents pour faciliter la recherche de votre profil par d'autres utilisateurs. De plus, si vous êtes ouvert à des opportunités professionnelles, n'hésitez pas à inclure vos informations de contact, comme votre adresse e-mail ou un lien vers votre profil LinkedIn.

3. Participer à des groupes Facebook

Pour développer votre réseau sur Facebook, commencez par rechercher des groupes qui correspondent à votre secteur d'activité, vos compétences ou vos intérêts à l'aide de la fonction de recherche. Avant de rejoindre un groupe, évaluez sa qualité en vérifiant son niveau d'activité, le nombre de membres et la pertinence des discussions, afin de vous assurer qu'il est dynamique et enrichissant.

Une fois membre d'un groupe, engagez-vous activement en participant aux discussions en posant des questions, en partageant des conseils ou en apportant votre expertise. N'hésitez pas également à publier des ressources utiles, telles que des articles, des vidéos ou des liens, afin d'enrichir le contenu du groupe et de renforcer votre position en tant qu'expert au sein de la communauté.

4. Utiliser Facebook pour promouvoir des événements

Pour maximiser votre visibilité sur Facebook, envisagez d'organiser des événements tels que des conférences, des ateliers ou des webinaires en utilisant la fonctionnalité dédiée à cet effet. Lors de la création de l'événement, veillez à inclure tous les détails essentiels comme la date, l'heure, le lieu (ou le lien Zoom) et un descriptif captivant pour attirer l'attention de vos contacts et encourager le partage.

Utilisez Facebook pour identifier des événements pertinents dans votre domaine, comme des conférences, des ateliers ou des salons professionnels. Participer à ces événements vous permettra de rencontrer des personnes en face à face et d'engager des conversations. N'hésitez pas à vous présenter et à discuter avec d'autres participants, tout en utilisant Facebook pour repérer les personnes d'intérêt en fonction de leurs interactions.

5. Gérer votre image sur Facebook

Il est essentiel de réviser vos paramètres de confidentialité sur Facebook afin de garantir que vos informations personnelles ne soient visibles que par vos amis ou les personnes que vous autorisez. Cela vous aide à séparer vos contenus personnels de ceux à visée professionnelle. Avant de publier quoi que ce soit, réfléchissez à l'impact potentiel de votre message sur votre image professionnelle et évitez de partager du contenu qui pourrait nuire à votre réputation.

Pour mieux gérer vos interactions sur Facebook, envisagez de créer des listes d'amis qui vous permettront de séparer vos contacts personnels de vos contacts professionnels. Cette méthode facilite le partage sélectif de publications, en vous permettant de choisir avec soin le public de vos contenus. Ainsi, vous pouvez maintenir un équilibre sain entre votre vie personnelle et professionnelle sur la plateforme.

6. Interagir avec votre réseau

Il est essentiel de maintenir un engagement actif sur Facebook en répondant rapidement aux commentaires sur vos publications et aux messages privés. Cela démontre que vous vous souciez de votre réseau et que vous êtes accessible, renforçant ainsi vos relations professionnelles et personnelles.

Pour des échanges plus personnalisés, n'hésitez pas à utiliser Facebook Messenger pour engager des conversations avec vos contacts professionnels. Cet outil est particulièrement efficace pour des discussions rapides ou des questions spécifiques, facilitant ainsi la communication et la collaboration.

7. Évaluer l'efficacité de votre stratégie

Il est important de suivre l'engagement de vos publications en analysant quel type de contenu génère le plus d'interactions. En utilisant ces données, vous pouvez ajuster votre stratégie future pour maximiser l'engagement. De plus, évaluez la croissance de votre réseau en surveillant l'évolution de vos connexions et en identifiant les personnes clés avec lesquelles vous interagissez le plus souvent.

Rester flexible est essentiel pour réussir sur Facebook. Si certaines stratégies ne portent pas leurs fruits, n'hésitez pas à modifier votre approche. Cela peut impliquer de changer la façon dont vous vous présentez ou le type de contenu que vous partagez. En parallèle, restez informé des dernières tendances et évolutions des comportements des utilisateurs pour adapter votre stratégie en conséquence.

Chapitre 11

TikTok et YouTube : des plateformes pour réseauter autrement

Dans l'univers du réseautage professionnel, TikTok et YouTube ont émergé comme des outils innovants qui dépassent les frontières des approches traditionnelles. Ces plateformes permettent aux utilisateurs de partager du contenu vidéo, d'établir des connexions et de construire leur marque personnelle. Nous allons voir comment tirer parti de TikTok et YouTube pour le réseautage, en nous concentrant sur les stratégies et les meilleures pratiques pour chaque plateforme.

1. Comprendre le potentiel de TikTok et YouTube

TikTok a connu un essor spectaculaire au point de captiver des millions d'utilisateurs avec ses vidéos courtes de 15 à 60 secondes. Ce format permet aux contenus de devenir rapidement viraux et d'offrir une visibilité significative aux personnes qui réussissent à créer des vidéos captivantes pour le public. De plus, TikTok encourage la créativité et l'authenticité en permettant aux utilisateurs de montrer leur expertise d'une manière ludique. La plateforme favorise également la formation de communautés autour d'intérêts communs, facilitant ainsi le réseautage et la création de liens professionnels.

YouTube constitue la plateforme de référence pour le contenu vidéo long, avec plus de 2 milliards d'utilisateurs actifs par mois. Elle permet aux créateurs de produire des vidéos approfondies, idéales pour explorer des sujets en détail et établir leur expertise. En outre, YouTube offre des opportunités de monétisation, permettant aux créateurs de générer des revenus et d'envisager des collaborations professionnelles. Les vidéos sur YouTube bénéficient également d'un bon référencement dans les résultats de recherche, augmentant ainsi la visibilité en ligne et aidant à se positionner comme un leader d'opinion dans leur domaine.

2. Créer un profil professionnel sur TikTok et YouTube

Pour optimiser votre profil TikTok, commencez par choisir un nom d'utilisateur clair qui reflète votre marque personnelle ou votre domaine d'expertise. Utilisez votre bio pour présenter qui vous êtes, ce que vous faites et ce que les utilisateurs peuvent attendre de votre contenu, en ajoutant éventuellement des hashtags pertinents. N'oubliez pas de tirer parti de la fonctionnalité permettant d'ajouter des liens externes, afin de diriger votre audience vers d'autres réseaux sociaux ou votre site web, renforçant ainsi votre présence en ligne.

Lors de la création de votre profil YouTube, il est essentiel de définir clairement votre chaîne en choisissant un nom explicite et en rédigeant une description qui précise vos objectifs et le type de contenu proposé. Concevez également une bannière de chaîne attrayante et professionnelle, alignée sur votre image de marque. Enfin, organisez votre contenu en créant des playlists pour faciliter la navigation des visiteurs dans vos vidéos, leur permettant ainsi de découvrir plus aisément des sujets qui les intéressent.

3. Produire du contenu de qualité

Pour réussir sur TikTok, concentrez-vous sur la création de vidéos concises et percutantes qui captent rapidement l'attention des spectateurs. Utilisez des accroches accrocheuses dès le début et participez aux tendances et défis populaires pour augmenter votre visibilité et toucher une audience plus large. L'authenticité est également essentielle, alors n'hésitez pas à montrer votre personnalité en partageant des moments de votre quotidien ou des anecdotes professionnelles, ce qui renforcera votre connexion avec votre public.

Sur YouTube, privilégiez la création de contenu éducatif en proposant des tutoriels, des conseils pratiques ou des études de cas, car ces formats sont les plus à même de démontrer votre expertise et d'apporter de la valeur à votre audience. Bien que d'autres types de contenu fonctionnent également sur la plateforme, ces exemples sont plus particulièrement adaptés pour mettre en avant vos compétences et votre savoir-faire. L'aspect visuel est tout aussi important : créez des vignettes attractives et pertinentes pour inciter les utilisateurs à cliquer sur vos vidéos. Enfin, engagez activement votre audience en posant des questions dans vos vidéos et en encourageant les commentaires, tout en prenant le temps d'y répondre pour établir une connexion solide avec vos spectateurs.

4. Réseauter sur TikTok et YouTube

Pour maximiser votre impact sur TikTok, suivez d'autres créateurs dans votre domaine et interagissez avec leurs contenus en laissant des commentaires pertinents. La collaboration avec d'autres utilisateurs pour créer du contenu conjoint peut également vous aider à atteindre leurs abonnés, augmentant ainsi votre propre visibilité. De plus, l'utilisation de hashtags de niche vous permettra de cibler des personnes spécifiques intéressées par votre domaine, facilitant ainsi la découverte de votre contenu.

Sur YouTube, il est essentiel de répondre aux commentaires sur vos vidéos pour montrer à votre audience que vous vous souciez d'eux, ce qui favorise l'engagement. Les collaborations avec d'autres YouTubers peuvent également élargir votre audience et enrichir votre réseau en vous exposant à de nouveaux spectateurs. Enfin, en participant à des discussions sur d'autres vidéos de votre secteur, vous pouvez attirer l'attention sur votre propre chaîne et établir des connexions précieuses.

5. Utiliser les outils d'analyse

Pour optimiser vos performances sur TikTok, utilisez les outils d'analyse disponibles pour suivre les performances de vos vidéos, en examinant des métriques telles que l'engagement, la portée et les types de contenu qui suscitent le plus d'intérêt. En vous basant sur ces données, vous pouvez ajuster votre contenu afin de mieux répondre aux attentes et aux préférences de votre audience.

Sur YouTube, l'utilisation de YouTube Studio est essentielle pour suivre les statistiques de votre chaîne, notamment les vues, le temps de visionnage et les taux d'engagement. En évaluant ces données, vous pouvez identifier les types de vidéos qui génèrent le plus d'intérêt, ce qui vous permettra d'ajuster votre stratégie de contenu pour maximiser l'engagement et la portée de votre chaîne.

6. Surmonter les difficultés

Pour gérer la pression liée à la création de contenu, il est essentiel de se préparer et de planifier à l'avance. Établir un calendrier de publication vous aidera à rester organisé et à réduire le stress. De plus, évitez de vous comparer aux autres créateurs, car cela peut être démoralisant ; concentrez-vous plutôt sur votre propre parcours et restez fidèle à votre style unique.

Face aux commentaires négatifs, il est important de gérer les critiques avec professionnalisme et constructivité, tout en apprenant à ignorer les commentaires malveillants. Pour favoriser un environnement positif, encouragez les retours constructifs et exprimez votre gratitude envers ceux qui soutiennent votre contenu, ce qui contribue à construire une communauté bienveillante autour de votre travail.

Chapitre 12

Maîtriser et gérer son réseau avec des outils numériques

À l'ère numérique, les outils de communication et de gestion de réseau sont devenus essentiels pour établir, entretenir et organiser des relations professionnelles. Que ce soit pour communiquer efficacement ou pour gérer un réseau étendu, ces outils facilitent les interactions tout en permettant un suivi optimal. Nous allons décrire les différents outils numériques à utiliser et les stratégies pour les exploiter pleinement dans un contexte professionnel.

1. L'importance des outils numériques pour le réseautage

Les outils numériques jouent un rôle clé dans le développement et l'entretien des relations professionnelles en supprimant les barrières géographiques et en accélérant les échanges. Qu'il s'agisse de messagerie instantanée, d'e-mails ou de visioconférences, ces technologies offrent des moyens rapides et efficaces pour rester connecté avec des contacts du monde entier.

De plus, ces outils ne se contentent pas de faciliter la communication, ils permettent également de centraliser et organiser toutes les interactions, favorisant ainsi une meilleure gestion des relations à long terme. Les outils numériques vous permettent de documenter vos échanges, d'automatiser certaines tâches et d'évaluer l'impact de vos efforts de réseautage.

2. Maîtriser les outils de communication numériques

L'e-mail reste un pilier fondamental de la communication professionnelle. Pour en maximiser l'efficacité, veillez à ce que vos messages soient clairs, concis et pertinents. Un objet accrocheur, un ton professionnel et une signature bien rédigée renforcent la crédibilité de vos échanges.

Les applications de messagerie instantanée comme Slack, Microsoft Teams ou WhatsApp sont également couramment utilisées dans les milieux professionnels. Maintenez un ton professionnel, même dans des conversations informelles, et choisissez les bons canaux pour chaque type d'échange (discussion privée ou de groupe).

LinkedIn est un outil puissant pour réseauter. Publiez du contenu pertinent, interagissez avec les publications d'autres professionnels et rejoignez des groupes pour participer à des discussions pertinentes. Cela vous permet de renforcer votre présence et d'élargir votre réseau.

Les outils de visioconférence comme Zoom, Google Meet ou Microsoft Teams sont devenus incontournables pour les réunions professionnelles à distance. Préparez vos réunions à l'avance, vérifiez votre équipement, et gardez un comportement professionnel tout en renforçant l'engagement de vos interlocuteurs en regardant la caméra.

3. Gérer efficacement votre réseau avec des outils digitaux

Les outils numériques ne sont pas seulement des moyens de communication, ils vous aident également à suivre vos relations et à rester organisé. Grâce à des outils comme LinkedIn, Contactually ou Cloze, vous pouvez centraliser les informations sur vos contacts, programmer des rappels pour maintenir des relations actives et analyser vos interactions pour en tirer des enseignements.

Des plateformes comme Trello ou Asana vous aident à suivre vos projets collaboratifs et à gérer vos relations professionnelles de manière plus organisée. Ces outils sont particulièrement utiles pour noter des interactions importantes, planifier des suivis ou collaborer sur des projets avec vos contacts.

Élaborez un plan clair pour gérer votre réseau. Établissez des objectifs (par exemple, augmenter votre nombre de connexions), fixez une fréquence d'interaction, et configurez des rappels automatiques pour rester en contact régulièrement avec vos relations.

4. Évaluer et ajuster vos efforts

La gestion numérique de votre réseau doit être constamment évaluée pour rester efficace. Utilisez des outils d'analyse pour observer l'engagement de vos contacts et ajuster vos stratégies en conséquence. Demandez des retours de la part de vos collègues ou contacts, et observez les résultats obtenus pour identifier les domaines d'amélioration.

5. Ne pas oublier la dimension humaine

Enfin, bien que les outils numériques soient extrêmement pratiques, ne négligez jamais l'aspect humain du réseautage. Privilégiez des interactions authentiques et évitez d'automatiser excessivement vos relations. Organisez des rencontres en personne ou des échanges personnalisés lorsque possible pour renforcer la qualité de vos connexions.

Chapitre 13

Intégrer et bâtir des communautés en ligne

Dans le monde professionnel moderne, les communautés en ligne jouent un rôle central dans l'échange d'idées, le partage d'expériences et l'établissement de relations significatives. Que ce soit pour rejoindre un groupe existant ou pour créer votre propre communauté, ces espaces offrent des opportunités précieuses pour élargir votre réseau, acquérir des nouvelles compétences et progresser dans votre carrière.

1. Comprendre l'importance des groupes et des communautés en ligne

Les groupes et communautés en ligne se déclinent sous différentes formes : des groupes publics sur Facebook, LinkedIn ou Reddit accessibles à tous, jusqu'aux communautés privées ou restreintes qui offrent des espaces plus intimes et spécialisés. Ces communautés permettent aux membres de partager des connaissances, de poser des questions et de s'entraider.

Participer à ces groupes permet de se connecter à des personnes partageant des intérêts communs, de bénéficier d'un soutien professionnel et d'accéder à des opportunités variées. Que vous rejoigniez un groupe ou décidiez de créer votre propre communauté, l'engagement dans ces espaces offre un sentiment d'appartenance et des ressources inestimables pour le développement professionnel.

2. S'intégrer efficacement dans des groupes existants

Pour tirer le meilleur parti de votre participation dans une communauté en ligne, il est crucial de rejoindre les bons groupes. Recherchez ceux qui sont alignés avec vos objectifs professionnels, vos intérêts ou vos compétences spécifiques. Vous pouvez utiliser des mots-clés pertinents sur des plate-formes comme LinkedIn ou Facebook, ou demander des recommandations à vos contacts.

Avant de vous engager pleinement dans un groupe, évaluez son niveau d'activité et la qualité des interactions. Un groupe actif avec des discussions régulières et un bon niveau de modération favorisera un environnement constructif. Une fois intégré, présentez-vous brièvement en mettant en avant vos compétences et ce que vous souhaitez apporter à la communauté.

L'engagement est primordial pour prospérer dans ces groupes. Posez des questions pertinentes, partagez des ressources utiles, commentez de manière constructive les contributions des autres, et engagez des discussions positives. Cela renforcera votre présence et votre réputation au sein du groupe.

3. Bâtir et animer votre propre communauté

Si vous souhaitez aller plus loin et créer votre propre communauté, il est essentiel de définir vos objectifs dès le départ. Réfléchissez aux thèmes et objectifs communs autour desquels vous souhaitez rassembler des membres, qu'il s'agisse de secteurs d'activité spécifiques, de centres d'intérêt partagés ou d'objectifs professionnels.

Une fois vos objectifs définis, commencez à rassembler des membres partageant ces intérêts communs. Utilisez vos contacts existants, les réseaux sociaux et les événements professionnels pour attirer les personnes pertinentes. Créez un espace propice aux échanges (comme un groupe sur LinkedIn ou un forum), et assurez-vous que les membres se sentent à l'aise pour interagir.

4. Animer et faire croître votre communauté

Pour qu'une communauté prospère, il est important de maintenir un environnement positif et respectueux. Établissez des règles de conduite claires, basées sur le respect mutuel et l'inclusivité. Encouragez l'engagement des membres en posant des questions, en mettant en avant leurs contributions et en partageant des ressources qui favorisent leur développement professionnel.

En tant que créateur de la communauté, partagez régulièrement du contenu de qualité (articles, études de cas, outils) et organisez des événements comme des webinaires ou des sessions de formation. Ces activités renforceront l'engagement et le sentiment d'appartenance des membres, tout en vous positionnant en tant qu'expert et leader de la communauté.

5. Tirer parti des synergies collectives

Que vous soyez un membre actif ou le créateur d'une communauté, il est crucial de tirer parti des synergies collectives. Proposez des collaborations avec d'autres membres, que ce soit sur des projets communs ou des échanges de compétences. Organisez des sessions d'apprentissage ou de partage d'expériences pour renforcer les dynamiques de collaboration au sein de la communauté.

Élargir votre réseau professionnel passe par l'identification des membres influents dans ces communautés et l'établissement de relations avec eux. Ces connexions peuvent ouvrir des opportunités futures et renforcer votre propre positionnement professionnel.

6. Évaluer et ajuster votre engagement

Que vous soyez dans une communauté existante ou que vous en ayez créé une, il est essentiel de faire des auto-évaluations régulières. Demandez-vous si votre contribution est alignée avec vos objectifs, si vos interactions sont bénéfiques, et si la communauté vous apporte de la valeur. Sollicitez des retours des membres pour améliorer votre impact et ajustez votre engagement en fonction de vos priorités professionnelles.

Si vos objectifs évoluent ou si vous manquez de temps pour participer activement, envisagez de rejoindre d'autres groupes ou de déléguer certaines responsabilités si vous dirigez une communauté. Cela garantira un engagement pertinent sans compromettre vos autres priorités.

Partie 4

Stratégies de réseautage pour trouver un emploi

Chapitre 14

Réseautage et recherche d'emploi : par où commencer ?

Nous allons décrire les étapes essentielles pour intégrer le réseautage dans votre démarche de recherche d'emploi. Le réseautage peut être un puissant levier pour accéder à des opportunités cachées et bâtir des relations professionnelles durables.

1. Comprendre l'importance du réseautage dans la recherche d'emploi

Une part significative des offres d'emploi n'est jamais publiée sur les plateformes traditionnelles, formant ainsi le marché caché de l'emploi. En développant et en vous appuyant sur un réseau de relations existantes, vous pouvez accéder à ces opportunités avant leur annonce publique. Les recommandations de contacts de confiance jouent un rôle essentiel, car les employeurs privilégient souvent ces pistes. De plus, le réseautage est un processus réciproque : en soutenant les autres dans leur recherche d'emploi, vous renforcez vos relations et augmentez votre probabilité de recevoir de l'aide en retour.

Élargir votre réseau professionnel est essentiel pour découvrir des opportunités inattendues. En interagissant avec des personnes issues de divers secteurs, vous accédez à des informations sur des industries que vous n'auriez peut-être pas envisagées. De plus, l'échange d'informations et de conseils avec d'autres professionnels peut vous fournir des perspectives précieuses sur le marché du travail et les compétences recherchées, renforçant ainsi votre position sur le marché de l'emploi.

2. Par où commencer votre réseautage ?

Avant de chercher de nouveaux contacts, il est essentiel d'évaluer votre réseau actuel. Commencez par dresser une liste de vos amis, anciens collègues, camarades de classe et membres de votre famille, en tenant compte de ceux qui travaillent dans des domaines ou entreprises qui vous intéressent. Évaluez également la qualité de vos relations, en identifiant ceux avec qui vous avez des liens solides et ceux avec qui vous aimeriez renouer. Cette analyse vous aidera à concentrer vos efforts sur les connexions les plus prometteuses.

Les plateformes de réseautage sont des outils cruciaux pour développer votre réseau professionnel. LinkedIn est particulièrement efficace ; assurez-vous que votre profil est complet et à jour, rejoignez des groupes pertinents, participez à des discussions et connectez-vous avec des personnes de votre domaine. Parallèlement, explorez d'autres réseaux sociaux comme Facebook, en rejoignant des groupes et forums liés à votre secteur pour échanger des idées et poser des questions. Enfin, assistez à des événements professionnels tels que des conférences et des salons, qui offrent d'excellentes occasions de rencontrer des professionnels et de vous faire connaître dans votre domaine.

3. Approcher vos contacts

Lorsque vous contactez vos relations, il est essentiel d'adopter une approche respectueuse et authentique. Personnalisez votre message, que ce soit par e-mail ou sur LinkedIn, en mentionnant des éléments spécifiques à votre relation, comme un projet commun ou une rencontre passée. Soyez clair sur vos intentions en indiquant que vous recherchez des conseils ou des informations sur des opportunités d'emploi, afin d'éviter toute ambiguïté. Si possible, proposez un café virtuel, qui en pratique prend la forme d'une rencontre informelle via des outils comme Zoom. Cela vous permettra d'avoir une conversation plus détendue où vous pourrez discuter de votre parcours professionnel tout en découvrant les expériences des autres. C'est une excellente occasion d'établir un dialogue authentique et de créer des liens solides dans un cadre convivial.

Dans vos interactions, il est essentiel d'écouter activement et de poser des questions ouvertes. Par exemple, demandez-leur : « Quelles sont les compétences les plus recherchées dans votre secteur actuellement ? » Cherchez à comprendre le parcours professionnel de vos contacts, les défis qu'ils ont rencontrés et les conseils qu'ils pourraient partager avec vous. N'hésitez pas à explorer les opportunités en vous renseignant sur les tendances de votre domaine d'activité et les entreprises qui recrutent. Cela vous fournira des indications précieuses sur les prochaines étapes à envisager dans votre recherche d'emploi.

4. Contribuer à votre réseau

Le réseautage consiste non seulement à solliciter de l'aide, mais aussi à apporter de la valeur à votre réseau. Cela inclut le partage de ressources utiles, comme des articles intéressants, des opportunités d'emploi ou des événements pertinents, afin d'enrichir la communauté. De plus, si vous disposez de compétences spécifiques, proposez votre aide à ceux qui en ont besoin. Cette approche non seulement renforce vos relations, mais démontre également votre engagement envers les autres.

Après une interaction, il est essentiel de maintenir la relation en envoyant un message de remerciement pour exprimer votre gratitude suite à une rencontre ou une conversation. Ce geste souligne votre intérêt à rester en contact. Il est également bénéfique de mettre à jour vos contacts sur vos progrès et succès, ce qui les incitera à penser à

5. Gérer le suivi

Pour maintenir l'engagement avec vos contacts, il est essentiel d'établir un système de suivi régulier. Utilisez un calendrier pour programmer des rappels qui vous inciteront à prendre des nouvelles de vos relations ou à partager des informations pertinentes. Parallèlement, tenez un journal de vos interactions pour noter les détails importants des conversations, y compris les conseils reçus et les opportunités d'emploi évoquées. Cette organisation vous aidera à renforcer vos liens professionnels.

La recherche d'emploi et le réseautage nécessitent de la patience et de la persévérance. Il est essentiel de maintenir une attitude positive, même en cas de refus ou de défis, en considérant chaque interaction comme une occasion d'apprendre et de progresser. Ne vous découragez pas face aux obstacles ; continuez à élargir votre réseau et à explorer les opportunités. Un effort constant et soutenu finira par porter ses fruits et vous rapprochera de vos objectifs professionnels.

6. Les erreurs à éviter

Lors de votre demande d'aide, il est essentiel de respecter le temps et l'espace de vos contacts. Évitez de harceler vos relations si elles ne répondent pas rapidement ; laissez-leur le temps de répondre à leur rythme. De plus, si un contact exprime des réserves ou indique qu'il ne peut pas vous aider, respectez sa décision sans insistance, ce qui montre votre compréhension et votre considération.

Il est important de ne pas se concentrer uniquement sur l'expansion de votre réseau, mais aussi de cultiver vos relations existantes. Prenez soin d'elles, car elles peuvent être tout aussi précieuses, voire plus, que de nouveaux contacts. Veillez également à maintenir le contact même en l'absence de besoin immédiat ; cela contribue à renforcer la confiance et à solidifier vos rapports avec vos relations professionnelles.

Chapitre 15

Utiliser les événements et salons de l'emploi à votre avantage

Les événements professionnels et les salons de l'emploi sont des occasions inestimables pour les chercheurs d'emploi. Ils permettent d'établir des contacts, de découvrir des opportunités d'emploi et de se faire connaître auprès des recruteurs et employeurs potentiels. Nous allons expliquer comment maximiser les bénéfices de votre participation à ces événements, en mettant l'accent sur les stratégies spécifiques pour les chercheurs d'emploi.

1. Comprendre l'importance des événements et des salons de l'emploi

Les salons de l'emploi et les événements professionnels dédiés au recrutement sont des plateformes idéales pour interagir directement avec les recruteurs, obtenir des informations précieuses sur les entreprises, et laisser une forte impression. Ces événements vous offrent l'occasion de rencontrer de nombreux employeurs en une seule journée, ce qui vous permet de multiplier vos chances de trouver un poste correspondant à vos compétences et objectifs.

De plus, participer à ces événements vous donne accès à des ateliers, des séminaires et des conférences qui couvrent des sujets essentiels tels que la rédaction de CV, les techniques d'entretien, et les tendances actuelles du marché de l'emploi. Vous pourrez ainsi mieux comprendre ce que recherchent les recruteurs, vous préparer à des entretiens express et ajuster vos candidatures en conséquence.

2. Préparation avant l'événement

Pour maximiser votre participation, commencez par identifier les événements et salons d'emploi pertinents pour votre secteur d'activité et vos objectifs de carrière. Utilisez des plateformes comme LinkedIn, Eventbrite ou les sites de salons professionnels pour rechercher les événements où les entreprises qui vous intéressent seront présentes. Inscrivez-vous à l'avance pour garantir votre participation, car certains événements peuvent être limités en places.

Ensuite, assurez-vous de mettre à jour votre CV et d'en imprimer plusieurs copies. Préparez également une carte de visite professionnelle reflétant vos coordonnées et votre secteur de recherche d'emploi. En plus de cela, travaillez sur un pitch personnel concis et engageant qui présente vos compétences, vos expériences et ce que vous pouvez apporter à une entreprise. Ce pitch doit être adapté aux recruteurs que vous rencontrez pour attirer leur attention rapidement.

Enfin, définissez des objectifs clairs pour l'événement. Par exemple, vous pouvez vous fixer comme objectif de parler à cinq recruteurs dans votre secteur ou de participer à deux ateliers sur les techniques de recherche d'emploi. Avoir des objectifs précis vous aidera à structurer votre participation et à maximiser votre temps.

3. Interagir lors de l'événement

Lors de l'événement, adoptez une attitude proactive et engagez des discussions avec les recruteurs. Préparez des questions spécifiques à poser sur leurs processus de recrutement, leurs attentes vis-à-vis des candidats et les opportunités d'emploi ouvertes. Ces échanges vous permettront de mieux comprendre les besoins des entreprises et de vous adapter à leurs exigences.

En plus des recruteurs, réseautez avec d'autres chercheurs d'emploi. Partager des conseils, des expériences et des informations sur les entreprises peut être extrêmement utile pour identifier des opportunités auxquelles vous n'auriez pas pensé. N'oubliez pas d'échanger vos coordonnées avec eux, car ces relations peuvent être précieuses pour un soutien mutuel dans vos démarches.

4. Maximiser les opportunités après l'événement

Le suivi après l'événement est crucial pour renforcer les contacts établis. Envoyez des messages de remerciement aux recruteurs avec qui vous avez échangé, en rappelant brièvement le contexte de votre rencontre et votre intérêt pour les postes proposés. Vous pouvez également relancer avec des candidatures adaptées aux postes évoqués pendant vos échanges, en tenant compte des informations que vous avez recueillies lors de l'événement.

De plus, connectez-vous avec ces recruteurs sur LinkedIn, en envoyant un message personnalisé pour marquer votre professionnalisme. N'oubliez pas de maintenir ces relations au-delà de l'événement pour augmenter vos chances d'être rappelé lors des opportunités futures.

5. Éviter les pièges courants

Lors des salons de l'emploi, évitez de vous disperser en cherchant à rencontrer un maximum de recruteurs sans prendre le temps de créer des interactions significatives. Il est plus avantageux de prendre le temps de discuter en profondeur avec quelques recruteurs qui vous intéressent réellement que de simplement collecter des cartes de visite.

De plus, ne négligez pas le suivi. Un bon suivi est la clé pour transformer des rencontres en opportunités concrètes. Prenez des notes sur les recruteurs que vous rencontrez pour personnaliser vos messages et assurez-vous de relancer vos candidatures avec soin.

6. Les types d'événements à considérer

Les salons de l'emploi sont les événements phares pour les chercheurs d'emploi. Ils rassemblent une variété d'employeurs dans un espace commun, ce qui vous permet de postuler à plusieurs offres et de rencontrer directement les recruteurs. Profitez également des ateliers proposés pour perfectionner vos compétences en matière de candidature et d'entretien.

Les conférences sectorielles peuvent aussi être intéressantes. Bien qu'elles soient souvent axées sur le développement professionnel, elles attirent des recruteurs et des experts de l'industrie, offrant des occasions de réseauter tout en enrichissant vos compétences.

Chapitre 16

Le réseautage inversé : se faire repérer par les recruteurs

Le réseautage inversé est un concept qui prend de plus en plus d'importance dans le monde professionnel moderne. Contrairement à l'approche traditionnelle où les chercheurs d'emploi prennent l'initiative de se faire connaître auprès des recruteurs, le réseautage inversé implique que les professionnels se positionnent de manière à être remarqués par les recruteurs. Nous allons expliquer les stratégies pour utiliser le réseautage inversé à votre avantage, afin de vous faire repérer par les recruteurs et d'attirer des opportunités professionnelles.

1. Comprendre le concept de réseautage inversé

Le réseautage inversé est une approche où les candidats attirent l'attention des recruteurs sans suivre les démarches classiques de candidature. Contrairement au réseautage traditionnel, où le candidat doit chercher activement des connexions avec les recruteurs pour obtenir des informations sur des postes vacants, le réseautage inversé permet au candidat de bâtir une réputation solide qui incite les recruteurs à venir à lui. Cette méthode repose sur une stratégie proactive qui met en avant les compétences et l'expertise du candidat, facilitant ainsi l'établissement de contacts précieux.

Le réseautage inversé présente plusieurs avantages significatifs. En adoptant une approche proactive, les candidats peuvent accroître leur visibilité auprès des recruteurs qui sont à la recherche de talents. Cette méthode leur permet également de contrôler leur image professionnelle en construisant une présence en ligne et en partageant leurs réalisations, ce qui contribue à façonner favorablement la perception que les recruteurs ont d'eux.

2. Stratégie pour développer votre présence en ligne

Pour maximiser votre impact sur LinkedIn, il est essentiel d'optimiser votre profil. Assurez-vous qu'il soit complet, incluant une photo professionnelle, un titre accrocheur et un résumé mettant en avant vos compétences et réalisations. Publiez régulièrement du contenu pertinent lié à votre domaine d'expertise, tel que des articles ou des réflexions sur les tendances sectorielles. De plus, interagissez avec les publications d'autres professionnels pour rester visible et établir des connexions avec des recruteurs potentiels.

La création d'un portfolio en ligne est une stratégie efficace pour mettre en valeur votre travail et vos réalisations. Si vous évoluez dans un domaine créatif ou technique, envisagez de créer un site web ou un portfolio numérique présentant vos projets antérieurs. Ajoutez des témoignages de collègues ou de clients pour souligner vos compétences et l'impact de votre travail, ce qui renforcera la crédibilité de votre profil et attirera l'attention des recruteurs.

3. Participer à des discussions et des forums

Rejoindre des groupes LinkedIn et des forums spécialisés est une excellente manière de se faire remarquer par des recruteurs. En participant activement aux discussions, vous pouvez apporter des idées, poser des questions et fournir des réponses, ce qui attirera l'attention des recruteurs intéressés par ces conversations. De plus, partager vos expériences et compétences vous positionne comme un expert dans votre domaine, augmentant ainsi votre visibilité et suscitant l'intérêt des recruteurs.

Les webinaires et événements en ligne sont des occasions idéales pour élargir votre réseau et vous faire remarquer. Interagissez avec les intervenants en posant des questions, ce qui peut vous permettre d'attirer l'attention des recruteurs présents. Profitez également de ces événements pour établir des contacts avec d'autres participants, en n'hésitant pas à les recontacter par la suite afin de prolonger la conversation et renforcer vos relations professionnelles.

4. Cultiver des relations avec les recruteurs

Pour maximiser l'efficacité du réseautage inversé, il est essentiel d'identifier les recruteurs spécialisés dans votre domaine. Utilisez LinkedIn pour rechercher ces recruteurs, suivez leurs activités et interagissez avec leurs publications afin de vous faire remarquer. En outre, participez à des événements de recrutement pour rencontrer ces recruteurs en personne, en vous préparant à vous présenter et à partager votre parcours professionnel de manière concise et engageante.

Le succès du réseautage inversé dépend de votre capacité à établir des relations authentiques. Lorsque vous contactez un recruteur, adoptez une approche personnalisée en mentionnant des éléments spécifiques qui témoignent de votre intérêt pour leur travail et leur entreprise. Une fois le contact établi, veillez à maintenir la relation en prenant des nouvelles régulièrement et en partageant des informations ou des articles qui pourraient les intéresser.

5. Se positionner comme un expert

Les réseaux sociaux constituent une plateforme efficace pour vous positionner en tant qu'expert dans votre domaine. Publiez des articles sur des sujets pertinents pour démontrer votre expertise et attirer l'attention des recruteurs. En outre, envisagez de participer à des podcasts ou de créer vos propres vidéos pour aborder des thèmes liés à votre secteur, initiatives de nature à renforcer votre visibilité et votre crédibilité professionnelle.

Devenir mentor est une excellente façon d'améliorer votre positionnement professionnel tout en établissant des relations significatives. En offrant votre aide à de jeunes professionnels ou à des étudiants, vous partagez vos connaissances et expériences, ce qui vous positionne en tant qu'expert capable de guider les autres. Parler de votre parcours et des leçons que vous avez apprises contribue également à renforcer votre image et à élargir votre réseau.

Cette évolution vers un rôle de mentor démontre non seulement une maturité professionnelle, mais aussi une diversification de vos compétences, qui peut être particulièrement attractive pour les recruteurs. En plus de vos compétences techniques, le mentorat révèle des qualités humaines importantes, comme l'empathie, la capacité à transmettre des savoirs et à soutenir la croissance des autres. Ces compétences interpersonnelles et de leadership sont souvent recherchées par les entreprises, car elles montrent votre aptitude à évoluer vers des postes de responsabilité et à contribuer à une culture collaborative au sein d'une organisation.

6. Évaluer et ajuster votre stratégie

Évaluer l'efficacité de votre stratégie de réseautage inversé est essentiel pour son amélioration continue. Utilisez des outils d'analyse pour mesurer l'engagement sur vos publications et votre profil, afin d'identifier ce qui fonctionne le mieux. Si certaines tactiques ne donnent pas les résultats escomptés, n'hésitez pas à ajuster votre approche en testant de nouveaux types de contenu ou en explorant de nouvelles plateformes.

Dans un environnement de travail en constante évolution, il est essentiel de se tenir au courant des tendances de votre secteur. Pour cela, suivez des blogs et des publications professionnelles en vous abonnant à des newsletters qui fournissent des informations sur les évolutions récentes. Participer à des conférences et des séminaires vous offre également l'opportunité d'apprendre, tout en vous permettant de vous faire remarquer par des recruteurs présents à ces événements.

Partie 5

Stratégies pour entrepreneurs

Chapitre 17

Réseauter pour développer vos affaires

Le réseautage est un élément essentiel pour le développement des affaires. Il ne s'agit pas simplement d'échanger des cartes de visite, mais plutôt de construire des relations solides et durables pouvant conduire à des opportunités commerciales, des collaborations fructueuses et des partenariats stratégiques. Nous allons voir l'importance du réseautage dans le développement des affaires, les différentes stratégies à adopter et des conseils pratiques pour maximiser vos efforts de réseautage.

1. L'importance du réseautage pour les affaires

Le réseautage joue un rôle clé dans la création de nouvelles opportunités commerciales. En établissant des relations lors d'événements, vous pouvez générer des possibilités d'affaires qui, autrement, seraient difficilement accessibles. De plus, ces interactions vous aident à découvrir des nouveaux marchés et à identifier des besoins non satisfaits, que votre entreprise peut potentiellement combler.

Les partenariats stratégiques sont essentiels pour la croissance d'une entreprise. En collaborant avec d'autres entreprises, vous pouvez partager des ressources, étendre votre portée et améliorer votre offre de services. Ces alliances favorisent également la création de synergies, permettant ainsi à toutes les parties impliquées de bénéficier d'une collaboration mutuellement avantageuse.

Le réseautage contribue significativement à la construction de votre crédibilité professionnelle. Les relations établies peuvent déboucher sur des recommandations précieuses, renforçant ainsi la confiance des clients potentiels envers vos services. De plus, votre visibilité accrue au sein de groupes et d'associations professionnelles améliore votre réputation dans votre secteur, consolidant ainsi votre position d'expert.

2. Stratégies de réseautage efficaces

Avant de vous engager dans des activités de réseautage, il est essentiel de définir clairement vos objectifs. Réfléchissez à ce que vous souhaitez accomplir, que ce soit l'augmentation de votre clientèle, la recherche de partenaires ou le développement de nouveaux produits. Établissez également des indicateurs de succès, comme le nombre de nouveaux contacts établis, les prospects générés ou les collaborations initiées, afin de mesurer l'efficacité de vos efforts.

Pour maximiser l'impact de votre réseautage, il est important de sélectionner les événements les plus pertinents. Orientez-vous vers des événements sectoriels, tels que des conférences, salons professionnels et forums, qui attirent votre public cible. N'oubliez pas non plus les événements locaux, comme des petits déjeuners d'affaires ou des rencontres organisées par des chambres de commerce, qui peuvent offrir d'excellentes opportunités de connexion.

Une préparation minutieuse est essentielle pour réussir votre réseautage. Élaborer un pitch engageant et concis, qui présente clairement qui vous êtes, ce que vous faites et ce que vous recherchez, est un bon point de départ. En outre, assurez-vous d'avoir à disposition des supports, comme des cartes de visite et des brochures, pour promouvoir efficacement votre entreprise et vos services lors de vos interactions.

3. Techniques de réseautage

Lors des événements, il est important de prendre l'initiative d'engager des conversations. Pour ce faire, posez des questions ouvertes qui encouragent vos interlocuteurs à partager des informations sur leurs projets, défis ou succès. Montrez également de l'intérêt en écoutant activement leurs réponses, ce qui contribue à instaurer un climat de confiance et de respect mutuel.

Après un événement, le suivi des contacts établis est essentiel pour renforcer les relations. Commencez par envoyer un message de remerciement à chaque interlocuteur, en mentionnant un point spécifique de votre conversation pour personnaliser votre message. De plus, utilisez LinkedIn pour envoyer des invitations pour établir une connexion, en veillant à personnaliser également vos messages pour rappeler votre rencontre.

Le réseautage ne s'arrête pas à la première rencontre, et il est essentiel de maintenir les relations établies. Pour cela, prenez des nouvelles de vos contacts de manière régulière, ce qui montre votre intérêt pour eux. N'hésitez pas à partager des ressources pertinentes, telles que des articles ou des études, qui pourraient les intéresser, afin de renforcer vos liens et de favoriser des échanges constructifs.

4. Utiliser les réseaux sociaux pour le développement des affaires

LinkedIn se positionne comme l'une des plateformes les plus efficaces pour le réseautage professionnel. Il est essentiel d'optimiser votre profil en veillant à ce qu'il soit complet, incluant une photo professionnelle et un résumé accrocheur, afin d'attirer l'attention des recruteurs et d'établir votre crédibilité. De plus, participer à des groupes LinkedIn liés à votre secteur vous offre l'opportunité d'interagir avec d'autres professionnels, de poser des questions et de partager vos idées, renforçant ainsi votre réseau.

Il est également important de ne pas négliger les autres plateformes de réseaux sociaux. Par exemple, Twitter peut être utilisé pour suivre des influenceurs et des leaders d'opinion dans votre domaine, en y partageant vos réflexions et en engageant des conversations. De plus, selon votre secteur d'activité, des plateformes comme Facebook et Instagram peuvent être bénéfiques pour publier des mises à jour sur votre entreprise, des études de cas ou des témoignages clients, ce qui élargit encore votre visibilité et votre portée.

5. Mesurer le succès de vos efforts de réseautage

Pour évaluer l'efficacité de votre réseautage, il est essentiel d'établir des indicateurs de performance clairs. Commencez par suivre les nouvelles connexions établies, les réunions programmées et les collaborations en cours. Ensuite, analysez les résultats de vos efforts en fonction de l'acquisition de nouveaux clients, de projets lancés ou des revenus générés. Ces indicateurs vous permettront de mesurer l'impact de vos activités de réseautage et d'identifier les domaines nécessitant des améliorations.

Si les résultats escomptés ne sont pas au rendez-vous, il peut être nécessaire d'ajuster votre stratégie de réseautage. Cela peut impliquer de changer de focus en explorant d'autres types d'événements ou de groupes qui pourraient offrir de meilleures opportunités. De plus, n'hésitez pas à solliciter des retours de la part de vos contacts pour comprendre ce qui a fonctionné pour eux et pour adapter votre approche en conséquence. Ces ajustements vous permettront d'optimiser vos efforts et d'atteindre vos objectifs plus efficacement.

Chapitre 18

Créer des partenariats grâce au réseautage

Dans un monde professionnel de plus en plus connecté, les partenariats stratégiques peuvent représenter un levier de croissance considérable pour les entreprises. Créer des partenariats efficaces repose en grande partie sur un réseautage bien pensé. Nous allons expliquer l'importance des partenariats, comment le réseautage peut faciliter leur création, ainsi que les meilleures pratiques pour établir et entretenir ces relations.

1. L'importance des partenariats

Les partenariats stratégiques permettent aux entreprises d'élargir significativement leur portée sur le marché. En collaborant avec d'autres entreprises, vous accédez à de nouvelles bases de clients, augmentant ainsi votre visibilité auprès de prospects potentiels. De plus, ces alliances facilitent la diversification de votre offre de produits et services en intégrant des solutions complémentaires, ce qui enrichit votre proposition commerciale et attire un public plus large.

S'associer à d'autres entreprises offre l'opportunité de partager à la fois les ressources et les coûts liés au développement. En répartissant les investissements nécessaires, vous réduisez les charges financières tout en facilitant l'accès à de nouveaux marchés. De plus, ces partenariats vous permettent de bénéficier des compétences et de l'expertise de vos alliés, que ce soit en marketing, en développement de produits ou en gestion de projet, renforçant ainsi votre capacité d'innovation.

Les collaborations entre entreprises peuvent également être un puissant moteur d'innovation. En échangeant des idées et des perspectives, vous stimulez la créativité et la recherche de solutions novatrices. Le codéveloppement de produits, en particulier, permet de répondre plus efficacement aux besoins des clients en alliant les forces de chaque partenaire pour créer des offres qui se démarquent sur le marché.

2. Le rôle du réseautage dans la création de partenariats

Le réseautage est essentiel pour dénicher des partenaires potentiels. Participer à des événements sectoriels, tels que des conférences et des salons professionnels, vous permet de rencontrer des acteurs clés de votre domaine et d'identifier ceux qui pourraient devenir des alliés stratégiques. Parallèlement, les plateformes en ligne, comme LinkedIn, facilitent la recherche d'entreprises partageant des intérêts et des objectifs similaires, élargissant ainsi votre champ de partenaires potentiels.

Le réseautage va au-delà de la simple rencontre ; il s'agit d'établir des relations de confiance. Il est essentiel de s'engager sur le long terme en développant des relations authentiques avec vos contacts, ce qui implique d'écouter attentivement leurs besoins et de partager vos propres objectifs. Pour renforcer ces liens, il est également important de démontrer la valeur que vous pouvez apporter à un partenariat potentiel, que ce soit par des compétences spécifiques, des ressources ou des recommandations, ce qui contribuera à instaurer un climat de collaboration.

3. Stratégies pour créer des partenariats grâce au réseautage

Avant de vous lancer dans la création de partenariats, il est essentiel de définir des objectifs précis. Cela implique de déterminer le type de partenariat que vous recherchez, qu'il soit marketing, technologique ou autre, afin d'orienter vos efforts de réseautage. Par ailleurs, établissez des critères de sélection pour identifier un bon partenaire, en prenant en compte des éléments tels que la réputation de l'entreprise, son expertise et son public cible.

Lors de vos rencontres avec des contacts potentiels, il est important de privilégier des conversations significatives. Pour ce faire, posez des questions pertinentes qui vous permettront de comprendre les objectifs de votre interlocuteur et d'explorer comment une collaboration pourrait être bénéfique. N'hésitez pas également à partager vos propres expériences et succès, car cela peut favoriser l'établissement de liens et susciter l'intérêt pour une future collaboration.

Une fois que vous avez identifié un partenaire potentiel, il est essentiel de formaliser l'accord. Engagez des discussions sur les objectifs communs, les attentes et les contributions de chaque partie afin d'assurer une compréhension mutuelle. La rédaction d'un contrat clair et bien défini est également essentielle pour éviter les malentendus et garantir que chaque partie est sur la même longueur d'onde, favorisant ainsi une collaboration harmonieuse.

4. Entretenir et renforcer vos partenariats

Une communication efficace est essentielle pour entretenir vos partenariats. Il est recommandé de planifier des réunions régulières afin de discuter des progrès, des défis et des opportunités qui se présentent. Parallèlement, l'utilisation d'outils collaboratifs de gestion de projet et de communication permet de suivre les tâches et les responsabilités de chaque partie, favorisant ainsi une coopération fluide et coordonnée.

Il est essentiel de mesurer l'efficacité de votre partenariat pour garantir son succès. Cela commence par l'établissement d'indicateurs de performance (KPIs) pour évaluer les résultats, tels que les ventes, les partages de ressources ou d'autres résultats tangibles. De plus, encourager la rétroaction mutuelle entre les partenaires permet d'identifier les domaines d'amélioration, renforçant ainsi la collaboration et maximisant les bénéfices de l'alliance.

Les partenariats sont dynamiques et peuvent évoluer avec le temps. Il est important d'adopter une attitude flexible, prêt à adapter le partenariat en fonction des changements de marché ou des besoins d'affaires des deux parties. Une fois le partenariat établi, il est également judicieux d'explorer de nouvelles opportunités de collaboration qui pourraient apporter des avantages mutuels, permettant ainsi d'enrichir la relation et de favoriser la croissance de chaque entreprise.

Chapitre 19

Participer aux événements de networking pour entrepreneurs

Pour les entrepreneurs, les événements de networking sont des occasions inestimables pour développer leur réseau, rencontrer des partenaires potentiels, trouver des clients ou même des investisseurs. Ces événements permettent de s'informer sur les tendances du marché et d'obtenir des idées nouvelles pour la croissance de votre entreprise. Nous allons décrire les stratégies spécifiques que les entrepreneurs peuvent utiliser pour tirer le meilleur parti de ces événements.

1. L'importance des événements de networking pour les entrepreneurs

Les événements de networking sont plus qu'une simple opportunité d'échanger des cartes de visite. Ils offrent un environnement idéal pour établir des relations durables avec d'autres entrepreneurs, investisseurs et experts de l'industrie. Contrairement aux interactions de tous les jours, les événements dédiés au réseautage vous donnent accès à un réseau concentré de professionnels motivés qui partagent les mêmes intérêts ou objectifs.

En participant à ces événements, vous aurez l'occasion d'échanger des idées, d'obtenir des perspectives extérieures sur vos défis et d'apprendre des stratégies innovantes pour améliorer votre entreprise. Ces interactions peuvent déboucher sur des partenariats stratégiques, des collaborations ou de nouveaux clients. De plus, vous pouvez rencontrer des mentors ou des investisseurs susceptibles de vous aider à faire évoluer votre projet d'entreprise.

2. Avant l'événement : la préparation stratégique

Une bonne préparation est la clé pour maximiser l'impact de votre participation à un événement de networking pour entrepreneurs. Avant de vous y rendre, il est essentiel de définir des objectifs clairs : souhaitez-vous trouver des clients, explorer des opportunités de collaboration, ou simplement élargir votre réseau professionnel ? Avoir des objectifs précis vous permettra de mieux orienter vos interactions et d'éviter de vous disperser.

Ensuite, renseignez-vous sur l'événement lui-même. Qui sont les intervenants ou les principaux participants ? Quels sont les sujets abordés ? Si l'événement propose une liste des participants, identifiez à l'avance les personnes ou entreprises avec lesquelles vous aimeriez entrer en contact. Cette préparation vous permettra d'adopter une approche plus ciblée et d'éviter les échanges superflus.

Enfin, veillez à mettre à jour vos supports de communication. Ayez toujours sur vous des cartes de visite professionnelles et, si possible, préparez un court document présentant votre entreprise (par exemple, une brochure ou un document PDF accessible sur votre téléphone). Si vous avez une présentation à faire ou si vous participez à un atelier, assurez-vous que tous vos supports sont clairs, précis et reflètent votre professionnalisme.

3. Préparation logistique

La logistique est également un élément important de la préparation à un événement de networking. Assurez-vous d'avoir un emploi du temps clair de la journée en identifiant les sessions qui vous intéressent le plus. Bloquez aussi des créneaux spécifiques pour le réseautage en dehors des conférences et présentations. Ces moments informels peuvent souvent mener à des rencontres fortuites qui s'avéreront fructueuses.

Pensez également à vos outils numériques. Assurez-vous que votre profil LinkedIn est à jour, car de nombreuses personnes vérifieront vos informations en ligne après la rencontre. Vous pouvez aussi préparer un modèle de courriel de suivi ou une note personnalisée pour les connexions que vous souhaitez approfondir après l'événement.

4. Pendant l'événement : maximiser vos interactions

Durant l'événement, l'attitude proactive est essentielle. Engagez la conversation avec les autres participants en posant des questions ouvertes : "Quels sont vos principaux défis en ce moment ?" ou "Comment voyez-vous l'évolution de notre secteur dans les années à venir ?". Ces questions suscitent des discussions plus profondes et montrent que vous êtes réellement intéressé par le point de vue de votre interlocuteur, et pas seulement par un échange de cartes de visite.

De plus, votre présentation personnelle doit être claire et engageante. Préparez un pitch qui résume votre activité et ce que vous recherchez en quelques phrases. Cependant, ne transformez pas chaque conversation en opportunité de vente. L'objectif est de créer des relations authentiques et de laisser une bonne impression qui pourra être approfondie plus tard.

Le langage corporel est également important : un sourire sincère, une posture ouverte et un contact visuel régulier vous rendront plus approchable. En vous montrant attentif et respectueux, vous faciliterez les connexions authentiques avec vos interlocuteurs.

5. Après l'événement : le suivi est essentiel

Après l'événement, il est crucial de gérer le suivi de manière méthodique. Commencez par envoyer un message de remerciement aux personnes que vous avez rencontrées, en rappelant le contexte de votre discussion pour personnaliser l'échange. Un email court et professionnel, accompagné d'une demande de connexion sur LinkedIn, est souvent le meilleur moyen de maintenir le contact.

Si vous avez discuté d'une collaboration ou d'une opportunité d'affaires, soyez proactif dans votre suivi. Proposez une rencontre ou un appel pour approfondir les discussions. Un suivi rapide montre que vous êtes sérieux et professionnel, ce qui renforce votre crédibilité.

Enfin, prenez un moment pour analyser votre participation à l'événement. Quels ont été les points forts de vos interactions ? Y a-t-il des ajustements à faire dans votre manière de réseauter ? Utilisez ces leçons pour améliorer vos futures participations.

6. Types d'événements à considérer pour les entrepreneurs

Les événements de networking pour entrepreneurs peuvent varier en format et en taille. Les conférences spécialisées dans votre secteur sont idéales pour rencontrer des experts et des leaders d'opinion, tandis que les ateliers ou séminaires de formation permettent de nouer des relations dans un cadre plus restreint et interactif.

Les salons professionnels sont également une excellente opportunité pour présenter vos produits ou services tout en élargissant votre réseau. Ces événements rassemblent des acteurs clés de votre secteur et vous permettent de rencontrer de nombreux partenaires potentiels en une seule journée.

Enfin, les événements organisés par des incubateurs ou accélérateurs sont particulièrement intéressants si vous êtes à la recherche de financement ou de mentors. Ces environnements sont propices à des échanges plus approfondis avec des investisseurs, des coachs et d'autres entrepreneurs en phase de croissance.

Chapitre 20

Trouver des mentors ou des investisseurs grâce à votre réseau

Dans le parcours entrepreneurial, bénéficier d'un mentor ou d'un investisseur peut s'avérer décisif pour le succès d'un projet. Les mentors apportent une expertise précieuse, des conseils stratégiques et un soutien moral, tandis que les investisseurs fournissent le capital nécessaire à la croissance. Cependant, pour trouver ces personnes clés, un bon réseau est indispensable. Nous allons décrire les stratégies pour identifier et établir des relations avec des mentors et des investisseurs grâce à votre réseau.

1. Comprendre le rôle des mentors et des investisseurs

Un mentor est un guide expérimenté qui accompagne un entrepreneur en partageant des conseils pratiques basés sur son propre vécu, aidant à éviter des erreurs courantes. Il apporte également une perspective externe précieuse lors de prises de décisions importantes et offre un soutien émotionnel essentiel dans les moments difficiles de l'entrepreneuriat.

Les investisseurs jouent un rôle central en fournissant le capital nécessaire pour développer une entreprise, que ce soit pour l'expansion ou le lancement de nouveaux produits. En plus des fonds, ils apportent souvent leur réseau professionnel, ouvrant de nouvelles opportunités, et offrent des conseils stratégiques basés sur leur expérience dans le secteur.

2. Établir un réseau propice à la recherche de mentors et d'investisseurs

Pour trouver des mentors et des investisseurs, il est essentiel de cibler les bonnes plateformes. Participer à des événements de networking et des conférences sectorielles permet de rencontrer des figures influentes et des investisseurs. Les incubateurs et accélérateurs offrent également un accès direct à des mentors expérimentés et à des réseaux d'investisseurs. De plus, les réseaux sociaux professionnels comme LinkedIn facilitent la connexion avec des professionnels du secteur.

Un réseau diversifié augmente les chances de trouver un mentor ou un investisseur. Il est important de se connecter avec des individus venant de différents horizons, tels que d'autres entrepreneurs, experts de l'industrie, investisseurs, ou anciens élèves. S'engager dans des groupes et associations professionnelles élargit aussi ce réseau, en vous exposant à des contacts variés ayant des intérêts communs.

3. Approcher des mentors

Pour trouver un mentor, il est important de cibler des personnes avec l'expérience et les compétences recherchées. Cherchez des leaders reconnus dans votre secteur qui ont atteint des réalisations que vous admirez. N'oubliez pas d'explorer aussi votre réseau personnel, où des contacts, même s'ils ne sont pas directement dans votre domaine, peuvent être de bons mentors.

Lorsque vous approchez un mentor potentiel, soyez stratégique. Expliquez précisément pourquoi vous souhaitez travailler avec lui et ce que vous espérez apprendre, démontrant ainsi votre sérieux. Proposez une rencontre informelle, comme un café ou un appel, pour créer un cadre détendu et propice à une première connexion.

Une fois un mentor trouvé, il est essentiel d'être réceptif à ses conseils. Écoutez attentivement et montrez que vous valorisez ses retours en posant des questions pertinentes. De plus, mettez en pratique les suggestions qu'il vous donne, prouvant ainsi votre engagement à apprendre et progresser.

4. Approcher des investisseurs

Pour trouver les bons investisseurs, concentrez-vous sur ceux ayant un intérêt spécifique dans votre secteur. Recherchez des investisseurs spécialisés comme des business angels, des capital-risqueurs ou des investisseurs institutionnels ayant déjà investi dans des entreprises similaires. En examinant leur portefeuille, vous pourrez évaluer si leur profil correspond à vos besoins et à votre secteur d'activité.

Une fois les investisseurs identifiés, préparez un pitch convaincant. Celui-ci doit être clair, concis et souligner l'unicité de votre projet, son potentiel sur le marché et l'utilisation des fonds demandés. Renforcez votre présentation avec des données concrètes, des études de marché et des exemples de réussites pour crédibiliser votre proposition.

Le réseau joue un rôle clé dans l'accès aux investisseurs. Demandez des recommandations personnelles si vous avez des contacts qui peuvent vous présenter à un investisseur. Participer à des événements de pitchs d'investissement est également une excellente opportunité pour présenter votre projet à un panel d'investisseurs et élargir vos contacts.

5. Maintenir la relation avec les mentors et les investisseurs

Maintenir une relation active avec vos mentors et investisseurs est essentiel. Envoyez régulièrement des informations sur vos progrès, vos réussites et les difficultés rencontrées pour montrer que vous appréciez leur soutien et expertise. Restez également réceptif à leurs retours et conseils, même après les premières interactions ou investissements, pour renforcer votre relation.

Pour développer des relations durables, pensez à ce que vous pouvez offrir en retour. Proposez votre aide si vous avez des compétences utiles ou pouvez résoudre un problème pour votre mentor ou investisseur. Partagez également des ressources précieuses comme des articles, informations ou contacts susceptibles de les intéresser, démontrant ainsi votre reconnaissance et votre engagement.

Chapitre 21

Réseautage au sein d'incubateurs et accélérateurs

Les incubateurs et les accélérateurs sont devenus des piliers essentiels de l'écosystème entrepreneurial moderne. En fournissant un soutien, des ressources et un accès à des réseaux précieux, ces programmes jouent un rôle déterminant dans la croissance et le succès des start-ups. Nous allons voir comment tirer parti des opportunités de réseautage au sein d'incubateurs et d'accélérateurs pour favoriser votre développement professionnel et entrepreneurial.

1. Comprendre le rôle des incubateurs et des accélérateurs

Un incubateur est un programme conçu pour soutenir les start-ups à leurs débuts. Il offre des espaces de travail partagés, un accès à des ressources essentielles comme des conseils juridiques, financiers et marketing, ainsi que des formations et ateliers pour aider à la gestion d'entreprise et au développement des projets.

Un accélérateur vise à accélérer la croissance des start-ups déjà établies grâce à un mentorat intensif et à un financement, souvent en échange d'une participation au capital. Le programme se termine généralement par un événement où les start-ups présentent leurs projets à des investisseurs potentiels pour attirer des financements supplémentaires.

2. Maximiser les opportunités de réseautage

Pour maximiser votre expérience dans un incubateur ou un accélérateur, participez pleinement aux ateliers, formations, et événements proposés. Impliquez-vous également dans la communauté en offrant votre aide et en partageant vos expériences, ce qui renforcera votre réseau et visibilité.

Les mentors sont essentiels à votre progression, donc prenez le temps d'établir des relations avec eux. Posez-leur des questions ciblées et demandez des conseils spécifiques pour montrer votre sérieux et profiter au maximum de leur expertise.

Les autres entrepreneurs du programme sont une ressource précieuse. Échangez des idées, discutez des défis rencontrés et formez des groupes de soutien. Ces interactions peuvent mener à des collaborations et à un soutien mutuel pour la réussite de vos projets.

3. Utiliser les événements organisés par les incubateurs et accélérateurs

Les événements de pitch permettent aux start-ups de se présenter à des investisseurs. Il est essentiel de préparer un pitch convaincant pour capter leur attention. Après le pitch, engagez des discussions avec les investisseurs et entrepreneurs présents afin de créer des connexions importantes pour l'avenir de votre entreprise.

Les ateliers et conférences offrent des opportunités d'apprentissage et de réseautage. Posez des questions pertinentes pour initier des dialogues avec les intervenants et profitez de la présence d'experts de l'industrie pour étendre votre réseau professionnel et acquérir des conseils précieux.

4. Construire des relations à long terme

Après avoir établi des connexions lors d'un événement, il est essentiel de maintenir le contact. Prenez le temps d'envoyer des messages de remerciement aux personnes que vous avez rencontrées, en exprimant votre gratitude pour leur temps et leurs conseils. Si vous souhaitez approfondir la relation, proposez une rencontre informelle, comme un café ou une discussion téléphonique, pour échanger plus en détail.

Pour renforcer vos relations, adoptez une approche proactive en partageant des ressources et des connaissances. Envoyez des articles pertinents qui pourraient intéresser vos mentors ou partenaires, montrant ainsi votre engagement à leur succès. De plus, impliquez-vous dans des projets collaboratifs avec d'autres participants de votre incubateur ou accélérateur, ce qui favorise l'esprit d'équipe et solidifie les liens entre vous.

Chapitre 22

Rejoindre des groupes, associations professionnelles et clubs privés

Dans un monde professionnel de plus en plus connecté, rejoindre des groupes, associations professionnelles et même des clubs privés constitue un moyen efficace de développer votre réseau, d'acquérir de nouvelles compétences, et de vous tenir informé des tendances de votre secteur. Ces organisations offrent une multitude d'opportunités qui peuvent enrichir votre parcours professionnel, tout en facilitant l'accès à des contacts précieux. Nous allons décrire les avantages de ces adhésions, comment choisir la bonne organisation, et les stratégies pour maximiser votre expérience, qu'il s'agisse d'associations professionnelles ouvertes ou de clubs privés plus exclusifs.

1. Comprendre l'importance des groupes, associations professionnelles et clubs privés

Rejoindre des groupes et des associations professionnelles permet d'accéder à un réseau élargi de contacts dans votre secteur d'activité. Ces organisations réunissent des personnes partageant des intérêts communs, facilitant les échanges d'idées, de ressources, et de compétences. Vous pouvez ainsi rencontrer des experts et des leaders d'opinion, ce qui peut inspirer votre carrière et favoriser votre développement professionnel.

Les clubs privés, en revanche, offrent un cadre plus sélectif et exclusif. Ces groupes créent souvent un environnement de confiance et de collaboration, ce qui facilite des connexions plus profondes et significatives. Les événements organisés par ces clubs (qu'il s'agisse de dîners, d'ateliers, ou de conférences) rassemblent des membres influents et offrent des opportunités d'échanges privilégiés.

2. Choisir le bon groupe ou club

Avant de rejoindre une association professionnelle ou un club privé, il est essentiel de clarifier vos objectifs. Cherchez-vous à élargir votre réseau, à développer des compétences spécifiques, ou à vous positionner comme un leader dans votre domaine ? Cette réflexion vous aidera à sélectionner l'organisation qui correspond le mieux à vos ambitions.

Pour les associations professionnelles ouvertes, il est recommandé de faire des recherches sur leurs activités, événements, et programmes de formation. Comparez les frais d'adhésion avec les avantages proposés, tels que l'accès à des publications spécialisées, des certifications, ou des opportunités de mentorat.

Pour les clubs privés, dont l'accès est souvent plus restreint, renseignez-vous sur la sélection des membres et évaluez la qualité des connexions potentielles. Ces clubs sont généralement centrés sur des intérêts communs (affaires, arts, sport) et offrent des opportunités de réseautage plus exclusives. Les frais peuvent être plus élevés, mais les avantages en termes de prestige et de contacts influents peuvent justifier l'investissement.

3. S'impliquer activement

Une fois membre d'une association ou d'un club, votre succès dépendra de votre niveau d'engagement. Assistez régulièrement aux événements : conférences, ateliers, réunions, et participez aux discussions. Ces moments sont essentiels pour nouer des relations solides et acquérir de nouvelles connaissances.

Dans les clubs privés, où l'accès est plus restreint, l'implication active est essentielle pour profiter des bénéfices exclusifs. Prenez l'initiative de proposer des idées, des projets ou des collaborations. Assumer un rôle de leadership, comme organiser un événement ou animer un atelier, peut accroître votre visibilité et votre influence.

4. Utiliser les ressources offertes par les associations et clubs

Les associations professionnelles et clubs privés mettent à disposition une multitude de ressources précieuses : publications, études de marché, rapports sur les tendances de l'industrie, et parfois des outils de formation pour améliorer vos compétences. N'hésitez pas à tirer parti de ces ressources pour rester informé et compétitif dans votre secteur.

Les programmes de mentorat sont également un atout considérable, que ce soit dans les associations ouvertes ou les clubs privés. Ces programmes permettent de bénéficier de conseils de professionnels expérimentés, d'élargir vos perspectives, et de renforcer votre réseau de soutien.

5. Créer des connexions significatives

Que vous rejoigniez une association professionnelle ou un club privé, il est essentiel de construire des relations solides.

Ne vous concentrez pas uniquement sur la quantité des relations, mais plutôt sur la qualité. Soyez proactif : proposez des rencontres individuelles, engagez des discussions authentiques, et montrez un intérêt sincère pour les autres membres.

Après chaque événement ou introduction, veillez à maintenir le contact. Envoyer un message de remerciement ou organiser une rencontre de suivi peut aider à solidifier vos nouvelles connexions.

6. Mesurer l'impact de votre adhésion

Pour maximiser les avantages de votre adhésion, il est essentiel de suivre vos progrès. Fixez des objectifs clairs et mesurables en termes de développement de compétences ou de nouvelles connexions, et évaluez régulièrement si vos attentes sont comblées.

Si vous constatez que votre engagement ne porte pas les fruits escomptés, n'hésitez pas à explorer d'autres options : rejoindre plusieurs groupes ou clubs différents peut vous offrir une expérience plus diversifiée et augmenter vos chances de succès.

7. Rejoindre des associations internationales pour élargir vos horizons

En rejoignant une association internationale, vous accédez à un réseau mondial de professionnels, ce qui peut élargir considérablement vos perspectives de carrière. L'interaction avec des personnes de différentes cultures enrichit votre expérience et vous expose à des opportunités de collaboration à l'échelle internationale.

Assister à des conférences internationales ou à des événements organisés par ces associations permet de rencontrer des experts de renommée mondiale, d'approfondir vos connaissances, et de développer des relations professionnelles durables à travers les frontières.

8. Rendre la pareille

Enfin, n'oubliez pas que le réseautage est basé sur l'échange réciproque. Que vous fassiez partie d'une association professionnelle ou d'un club privé, il est important de rendre la pareille en offrant à votre tour des conseils, en facilitant des mises en relation, ou en partageant des ressources. Contribuer à la communauté montre votre engagement et renforce les liens avec les autres membres.

Partie 6

Développer des compétences avancées de réseautage

Chapitre 23

La réciprocité : comment donner pour recevoir

Dans le monde du réseautage professionnel, l'un des principes fondamentaux qui sous-tend des relations fructueuses est celui de la réciprocité. Comprendre que donner est tout aussi important que recevoir peut transformer votre approche du réseautage et renforcer vos relations. Nous allons voir le concept de réciprocité, son importance dans le réseautage, et comment l'appliquer pour bâtir un réseau solide et durable.

1. Comprendre le concept de réciprocité

La réciprocité désigne l'échange mutuel de bénéfices, où les actions d'une personne influencent celles d'une autre. Dans le cadre du réseautage, offrir de la valeur à autrui augmente la probabilité qu'ils soient prêts à vous aider en retour. Cela peut se manifester par un soutien émotionnel ou par le partage d'informations et de ressources, renforçant ainsi les liens professionnels.

La réciprocité repose sur des principes psychologiques tels que l'obligation sociale, qui pousse les individus à rendre service à ceux qui leur ont donné quelque chose, ainsi que la création de confiance et d'engagement. En établissant des relations fondées sur des échanges mutuels, vous favorisez un climat de confiance propice à des collaborations durables.

2. Comment donner dans un réseau professionnel

Aider vos contacts peut prendre diverses formes, comme partager des ressources utiles ou appliquer vos compétences. Par exemple, si vous êtes expert en marketing, proposez votre aide à une start-up en quête de conseils. Ces actions renforcent les liens et montrent votre volonté de contribuer à leur succès.

Vous pouvez aussi faire preuve d'une forme de soutien en pratiquant l'écoute active. Proposez des discussions informelles pour comprendre les défis rencontrés par vos contacts et posez des questions pertinentes pour montrer votre intérêt. Cela crée un espace propice à l'échange et à la collaboration.

3. Créer des opportunités de réciprocité

Construire des relations sincères est essentiel pour favoriser la réciprocité. Investissez du temps dans vos interactions en vous engageant régulièrement avec vos contacts et en participant à des événements de réseautage. Chaque interaction est une occasion d'offrir votre aide et d'établir des liens solides.

Former des groupes d'échange ou des cercles de soutien facilite la réciprocité. Rassemblez des personnes partageant des intérêts similaires pour discuter de leurs difficultés et succès, et encouragez le partage d'expériences et de ressources. Cela crée un environnement où chacun peut donner et recevoir.

4. Recevoir grâce à la réciprocité

Il est essentiel de savoir demander de l'aide lorsque cela est nécessaire. Soyez transparent sur vos besoins et n'hésitez pas à solliciter des mises en relation auprès de vos contacts. Cela renforce les liens de réciprocité et montre votre ouverture à l'échange.

Exprimer votre gratitude est essentiel lorsque vous recevez de l'aide. Remerciez sincèrement vos contacts et réfléchissez à la manière dont vous pouvez rendre la pareille. Cela renforce les relations et encourage d'autres échanges à l'avenir.

5. La réciprocité à long terme

Pour que la réciprocité soit efficace, il est essentiel de développer des relations à long terme. Communiquez régulièrement avec votre réseau, même sans besoin immédiat d'aide, et partagez vos réussites afin d'encourager l'engagement de vos relations dans votre parcours.

Les besoins de votre réseau évoluent, il est donc important de rester attentif. Observez les changements chez vos contacts et ajustez vos offres d'aide en conséquence. Soyez flexible pour répondre aux différentes attentes et maximiser les opportunités d'échange.

Chapitre 24

Négocier et convaincre grâce à son réseau

Le réseautage ne se limite pas seulement à établir des contacts, il joue également un rôle essentiel dans la capacité à négocier et à convaincre. Dans le monde des affaires, savoir s'appuyer sur son réseau pour obtenir des informations, des conseils et un soutien peut faire toute la différence lors de négociations délicates. Nous allons voir comment utiliser votre réseau pour renforcer vos compétences en négociation et persuader efficacement vos interlocuteurs.

1. Comprendre le processus de négociation

La négociation est un processus de communication visant à atteindre un accord mutuellement acceptable entre deux ou plusieurs parties. Elle peut intervenir dans divers contextes, tels que la négociation de contrats commerciaux, les discussions sur les salaires et les conditions de travail, ainsi que la résolution de conflits.

Pour réussir en négociation, il est essentiel de développer certaines compétences, notamment l'écoute active pour comprendre les besoins de l'autre partie, la capacité de persuasion pour défendre votre proposition, et la flexibilité pour envisager des compromis et ajuster vos attentes.

2. Utiliser votre réseau pour préparer une négociation

Avant d'entrer en négociation, il est essentiel de vous préparer en recueillant des informations pertinentes. Cela peut inclure des conseils de mentors, qui apportent des perspectives basées sur leur expérience, ainsi que des discussions avec d'autres entrepreneurs pour partager des stratégies éprouvées et éviter les erreurs courantes.

Comprendre les intérêts et les motivations de l'autre partie est essentiel pour une négociation réussie. Utilisez votre réseau pour obtenir des informations sur ces motivations, notamment en discutant avec des contacts communs, ce qui peut vous aider à identifier des points communs et à renforcer votre argumentation.

3. Négocier avec confiance grâce à votre réseau

Un réseau solide peut considérablement renforcer votre crédibilité lors des négociations. Mentionner des recommandations de membres influents de votre réseau ou partager des réussites passées avec d'autres contacts peut avoir un impact positif sur la perception que l'autre partie a de vous.

Pour améliorer vos compétences en négociation, la pratique est essentielle. Organisez des simulations de négociation avec des amis ou des collègues et rejoignez des groupes de discussion où vous pouvez affiner vos techniques dans un cadre moins formel.

4. Convaincre avec des arguments solides

Il est important de structurer vos arguments de manière claire et convaincante lors d'une négociation. Utilisez le modèle "problème-solution-bénéfice" pour exposer le problème, présenter votre solution, et démontrer les bénéfices pour l'autre partie, tout en soutenant vos propos avec des données concrètes.

L'écoute active est un élément clé du processus de négociation. Prêter attention aux signaux verbaux et non verbaux vous permet d'adapter votre approche en fonction des réactions de l'autre partie et de répondre de manière réfléchie à leurs préoccupations.

5. Maintenir des relations après la négociation

Indépendamment de l'issue de la négociation, il est primordial de maintenir une bonne relation avec l'autre partie. Exprimez votre gratitude pour leur temps et considération, même si le résultat n'est pas celui escompté, et faites un suivi pour montrer que vous vous souciez de la relation.

Le feedback est essentiel pour progresser en négociation. Après la discussion, n'hésitez pas à demander des retours sur votre approche et à réfléchir à ce qui a bien fonctionné ou pourrait être amélioré pour vos futures négociations.

Chapitre 25

Comment éviter les erreurs courantes du réseautage

Le réseautage professionnel est un outil puissant pour construire des relations, trouver des opportunités et développer sa carrière. Cependant, de nombreuses personnes commettent des erreurs qui peuvent nuire à leurs efforts. Nous allons passer en revue ces erreurs et donner des conseils pratiques pour les éviter, afin de maximiser l'impact de vos initiatives de réseautage.

1. Négliger la préparation avant les événements de réseautage

Une bonne préparation est essentielle pour maximiser les opportunités lors d'un événement de réseautage. Il est important de rechercher les participants, d'identifier ceux avec qui vous souhaitez interagir, et de préparer un pitch personnel percutant pour faire une bonne première impression.

Pour une préparation efficace, définissez des objectifs clairs pour l'événement et préparez des questions ouvertes qui peuvent lancer des conversations significatives.

2. Adopter une approche trop agressive

Une approche trop agressive, comme essayer de vendre vos services dès le premier contact, peut décourager vos interlocuteurs. Il est préférable de se concentrer sur la construction de relations de confiance, en faisant preuve de patience, et en favorisant des interactions respectueuses et empathiques.

3. Oublier de faire des suivis

Ne pas suivre après une rencontre est une erreur fréquente. Le suivi est crucial pour rappeler à votre contact votre conversation, renforcer la relation et démontrer votre sérieux dans le réseautage. Pour un suivi efficace, envoyez un message de remerciement après la rencontre et proposez une nouvelle discussion sur un sujet d'intérêt commun.

4. Ne pas être sincère

Se présenter d'une manière qui ne correspond pas à sa véritable personnalité peut être contre-productif. Les gens apprécient l'authenticité et sont attirés par ceux qui sont fidèles à eux-mêmes. Soyez honnête sur vos compétences, aspirations, et n'hésitez pas à partager vos échecs ou défis, cela peut renforcer vos relations.

5. Ignorer la diversité des relations

Limiter son réseau à un groupe restreint peut réduire vos opportunités. Il est essentiel de diversifier vos contacts en incluant des personnes venant de différents secteurs et niveaux d'expérience. Pour ce faire, participez à des événements variés en dehors de votre domaine habituel et rejoignez des groupes d'intérêts communs, qu'ils soient en ligne ou en présentiel.

6. Ne pas entretenir les relations

Construire un réseau ne suffit pas, il faut l'entretenir pour éviter de perdre des opportunités à long terme. Soyez proactif en partageant des informations, en envoyant des contenus pertinents, et en célébrant les succès de vos contacts.

Chapitre 26

Les bases du réseautage international

Dans un monde de plus en plus interconnecté, le réseautage à l'international est devenu une compétence incontournable pour élargir son influence et accéder à de nouvelles opportunités professionnelles. Que vous soyez un entrepreneur cherchant à développer votre activité à l'étranger ou un professionnel souhaitant diversifier votre réseau, maîtriser les bases du réseautage à l'échelle mondiale est essentiel. Nous allons présenter les étapes clés pour réussir votre réseautage international.

1. Comprendre l'importance du réseautage international

Le réseautage international vous ouvre les portes d'un marché élargi, permettant de découvrir des opportunités inaccessibles localement, telles que des partenariats, des collaborations et des offres d'emploi. En élargissant votre réseau, vous vous exposez à différentes cultures et pratiques professionnelles, ce qui enrichit non seulement vos relations mais aussi votre perspective sur les affaires.

Un réseau international renforce votre crédibilité en démontrant votre expertise à un public plus vaste et en augmentant votre visibilité sur des marchés étrangers. Vous vous positionnez ainsi en tant que référence dans votre secteur, ce qui peut ouvrir la voie à de nouvelles opportunités.

2. Adapter votre approche au contexte culturel

Le réseautage est profondément influencé par les normes culturelles. Il est essentiel de se familiariser avec les styles de communication spécifiques aux pays où vous souhaitez établir des relations. Certains préfèrent des échanges directs et concis, tandis que d'autres privilégient une approche plus subtile et indirecte. Il est également important de respecter les coutumes locales, telles que la nécessité de nouer des relations personnelles avant d'aborder des affaires.

La flexibilité et le respect des différences culturelles sont des qualités essentielles. Cela inclut l'adaptation aux pratiques locales et la patience, car certains processus peuvent être plus longs selon les régions.

3. Établir des relations internationales

L'Internet offre des possibilités sans précédent pour réseauter à l'international. Utilisez des plateformes professionnelles comme LinkedIn pour établir des contacts, et rejoignez des groupes internationaux pertinents pour votre secteur. Participer à des forums en ligne peut aussi vous aider à accroître votre visibilité et à vous faire connaître dans votre domaine.

Les événements, qu'ils soient en ligne ou en personne, sont des occasions idéales pour le réseautage. Assister à des conférences ou à des salons professionnels internationaux vous permet de rencontrer des experts et d'échanger avec eux. Les webinaires et ateliers en ligne sont également des opportunités à exploiter pour tisser des liens internationaux.

4. Entretenir vos relations internationales

Maintenir des relations durables est essentiel pour tirer pleinement parti du réseautage international. Envoyez des messages de suivi réguliers et partagez des ressources pertinentes pour montrer que vous restez engagé dans la relation. Les appels vidéo réguliers ou les discussions de groupe en ligne sont de bons moyens de rester en contact avec vos interlocuteurs internationaux et de continuer à échanger des idées.

5. Évaluer et élargir votre réseau international

Il est important d'évaluer l'efficacité de votre stratégie de réseautage. Fixez-vous des objectifs clairs, comme le nombre de nouvelles relations à établir ou des opportunités spécifiques à explorer. Mesurez vos progrès pour ajuster votre approche si nécessaire. Pour continuer à développer votre réseau, recherchez activement de nouveaux contacts en demandant des recommandations ou en rejoignant des groupes d'intérêt internationaux dans votre secteur.

6. Surmonter les défis du réseautage international

Le réseautage à l'international présente des défis uniques. Par exemple, les barrières linguistiques peuvent compliquer les échanges. Apprendre les bases de la langue locale ou utiliser des outils de traduction comme Google Translate peut grandement faciliter la communication.

Les différences de fuseaux horaires sont un autre obstacle courant. Utilisez des outils de planification en ligne comme Doodle ou Calendly pour organiser des réunions et montrez-vous flexible dans la gestion de vos horaires afin de maximiser vos interactions avec vos contacts internationaux.

Partie 7

Réseautage sur le long terme

Chapitre 27

Entretenir votre réseau sur la durée

Avoir un réseau professionnel solide est une réalisation importante, mais maintenir et entretenir ce réseau sur le long terme est tout aussi essentiel. Nous allons aborder les stratégies et les meilleures pratiques pour garantir que vos relations professionnelles restent actives et bénéfiques au fil du temps. Nous intégrerons également les meilleures pratiques pour entretenir et développer vos relations après une première rencontre.

1. L'importance de l'entretien du réseau

Entretenir vos relations professionnelles est essentiel pour maintenir des connexions solides. Cela favorise les collaborations futures et un soutien mutuel.

Vous devez considérer votre réseautage comme un processus continu. Un réseau bien entretenu offre des recommandations et des informations sur des opportunités professionnelles.

2. Suivi après une première rencontre

Nous avons déjà abordé l'importance du suivi dans le cadre du réseautage lors d'événements professionnels. Toutefois, comme l'entretien du réseau peut également se faire suite à des rencontres informelles, il est utile de rappeler qu'après une première rencontre, il est essentiel de prendre des mesures pour transformer une simple conversation en une relation durable. Dans les 48 heures suivant votre échange, envoyez un message personnel pour remercier votre interlocuteur, en mentionnant un sujet spécifique que vous avez abordé. N'oubliez pas d'envoyer une demande de connexion sur LinkedIn, accompagnée d'un message rappelant votre rencontre.

Ces actions permettent de solidifier la relation et d'ouvrir la porte à des échanges ultérieurs. Si vous avez également discuté d'articles, de livres ou d'événements, n'hésitez pas à les partager avec vos nouveaux contacts pour enrichir davantage votre interaction.

3. Créer des points de contact réguliers

Établissez un calendrier pour vous rappeler d'entretenir la relation avec vos contacts, que ce soit par un message sur les réseaux sociaux ou un e-mail.

Si vous tombez sur un article ou une ressource pertinente pour un contact, n'hésitez pas à lui envoyer. Cela montre que vous pensez à lui et que vous vous souciez de ses intérêts.

4. Participer à des événements ensemble

Une excellente manière de renforcer une relation est de participer ensemble à des événements. Invitez des contacts à des activités susceptibles de les intéresser et rejoignez des groupes professionnels ou des associations dans votre secteur commun.

5. Offrir de l'aide et de la valeur ajoutée

Si vous avez une expertise ou une compétence qui pourrait être utile à un contact, n'hésitez pas à offrir votre aide. Cela peut être un retour d'expérience sur un projet, une relecture de documents, ou même des conseils sur des sujets spécifiques.

Si vous connaissez d'autres personnes qui pourraient aider un contact, faites une mise en relation. Cela montre que vous êtes investi dans leur succès et que vous les valorisez.

6. Entretenir une communication sincère

La sincérité attire les gens et renforce la confiance. Partagez vos réussites et vos échecs d'une manière honnête pour établir des connexions plus profondes.

Montrez de l'intérêt pour la vie professionnelle et personnelle de votre contact, et posez des questions sur leurs projets ou leur évolution professionnelle.

7. Évaluer et ajuster son réseau

Prenez le temps de réfléchir aux relations qui sont les plus précieuses. Cela vous permettra de mieux orienter votre énergie et vos efforts dans l'entretien de celles-ci.

Si un contact ne répond pas à vos messages ou semble moins engagé, ne forcez pas la relation. Respectez leur espace, mais gardez la porte ouverte pour de futurs échanges.

8. Suivre vos avancées

Un journal de réseautage est un outil utile pour documenter vos interactions et planifier vos suivis. En notant des détails importants et en programmant des rappels, vous pouvez suivre l'évolution de vos relations.

Il est essentiel de réévaluer régulièrement vos objectifs de réseautage pour s'assurer qu'ils correspondent à vos aspirations professionnelles et personnelles. Ajuster votre stratégie en fonction des résultats observés permet de dynamiser votre processus de réseautage.

Chapitre 28

Le rôle du mentorat et du sponsoring

Dans le cadre du développement professionnel, le mentorat et le sponsoring jouent des rôles essentiels pour aider les individus à atteindre leurs objectifs de carrière. Bien que souvent confondus, ces deux concepts ont des significations et des fonctions distinctes au sein d'un réseau professionnel. Ce chapitre explore l'importance du mentorat et du sponsoring, leurs différences, et comment chacun peut enrichir votre parcours professionnel.

1. Comprendre le mentorat et le sponsoring

Le mentorat est une relation où une personne expérimentée (le mentor) guide et soutient une personne moins expérimentée (le mentoré). L'objectif est d'aider le mentoré à développer ses compétences, à surmonter des défis professionnels et à grandir personnellement. Cette relation, souvent informelle, peut durer plusieurs mois ou années. Le mentorat offre des avantages tels que l'acquisition de compétences, l'élargissement du réseau, et un soutien moral. Le mentor partage ses connaissances et ouvre des portes grâce à ses connexions, tout en fournissant un appui émotionnel à son mentoré.

Le sponsoring, en revanche, est une relation plus active et formelle, où un sponsor utilise son influence pour promouvoir son protégé au sein de l'organisation. Contrairement au mentorat, qui met l'accent sur le développement personnel, le sponsoring se concentre sur l'avancement professionnel concret du protégé. Le sponsor ouvre des opportunités souvent inaccessibles et fournit des conseils stratégiques pour accélérer la carrière du protégé, tout en lui offrant une plus grande visibilité dans son environnement professionnel.

2. Bien distinguer mentorat et sponsoring

Le mentorat et le sponsoring se distinguent par leurs objectifs et leur dynamique.

Le mentorat se concentre principalement sur le développement personnel et professionnel du mentoré, tandis que le sponsoring est davantage axé sur l'avancement direct de la carrière.
Le mentorat est souvent informel et repose sur des conseils et des échanges réguliers, tandis que le sponsoring est une relation stratégique impliquant des actions concrètes pour faire progresser le protégé.

Les relations de mentorat s'étendent sur une période plus longue, avec des rencontres fréquentes, tandis que le sponsoring est orienté vers des actions spécifiques, avec des interactions moins fréquentes mais plus ciblées.

3. Comment trouver un mentor ou un sponsor

Identifiez des personnes ayant une expérience significative et des valeurs compatibles avec les vôtres. Il est important de choisir quelqu'un avec qui vous pouvez établir une relation de confiance.

Un bon réseau professionnel est essentiel pour identifier des mentors ou sponsors potentiels. Engagez-vous activement dans votre communauté professionnelle pour vous connecter avec des personnes influentes.

Lorsque vous approchez un mentor ou un sponsor, exprimez votre intérêt de manière respectueuse et précise. Clarifiez vos objectifs professionnels et montrez que vous êtes déterminé à apprendre et à évoluer.

Pour développer une relation solide, faites preuve de gratitude envers votre mentor ou sponsor, et maintenez un contact régulier en partageant vos progrès. Cela démontre votre engagement et renforce la relation.

4. Bâtir un écosystème de soutien

Un seul mentor ou sponsor ne suffit pas toujours. Il peut être bénéfique de construire un écosystème de soutien avec plusieurs mentors et sponsors.

Des mentors aux expertises variées peuvent vous offrir des perspectives diversifiées, enrichissant ainsi votre apprentissage.

Avoir plusieurs sponsors, surtout issus de différents secteurs, peut accroître vos chances d'avancement professionnel en vous ouvrant à diverses opportunités.

5. Devenir mentor ou sponsor

Si vous êtes en position d'influence, envisagez de devenir mentor ou sponsor à votre tour. Non seulement cela contribue au développement des autres, mais cela vous permet également de renforcer votre propre réseau et de consolider votre position au sein de votre communauté professionnelle. En aidant les autres à progresser, vous développez des relations mutuellement bénéfiques.

Chapitre 29

Gérer les relations difficiles ou toxiques

Dans le monde professionnel, établir un réseau solide est essentiel, mais il est tout aussi important de savoir gérer les relations difficiles ou toxiques. Ces relations peuvent non seulement nuire à votre bien-être émotionnel, mais aussi impacter votre carrière et votre efficacité professionnelle. Nous allons expliquer comment identifier ces relations, comment les gérer, et quand il est peut-être préférable de s'en éloigner.

1. Identifier les relations difficiles ou toxiques

Il est essentiel de reconnaître les signes d'une relation toxique, qui se manifestent par des comportements tels que la manipulation, les critiques constantes et un épuisement énergétique. Une personne toxique cherche souvent à contrôler les autres, émet des commentaires négatifs qui nuisent à la confiance en soi et laisse les autres épuisés émotionnellement après des interactions.

Il est important d'évaluer comment ces relations affectent votre carrière. Une relation difficile peut perturber votre productivité en nuisant à votre concentration et en créant une ambiance négative dans votre environnement de travail, ce qui impacte votre moral et celui de vos collègues.

2. Stratégies pour gérer les relations difficiles

Définir des limites claires est essentiel pour préserver votre bien-être. Identifiez ce que vous êtes prêt à tolérer et communiquez ces limites de manière assertive à la personne concernée pour faire comprendre vos attentes.

La communication assertive est essentielle pour gérer des relations difficiles. Exprimez vos sentiments de manière calme et posée, en utilisant des phrases « Je » pour indiquer comment le comportement de l'autre vous affecte, tout en restant calme même lors de conversations difficiles.

Il est important d'explorer des solutions pour améliorer la relation en identifiant les problèmes sous-jacents. Comprendre l'origine des tensions peut aider à trouver des terrains d'entente et à atténuer les conflits, favorisant ainsi une atmosphère plus collaborative.

3. Quand s'éloigner

Malgré les efforts, certaines relations peuvent rester toxiques. Si aucune amélioration n'est constatée après plusieurs tentatives de résolution ou si la relation nuit à votre bien-être, il peut être temps d'envisager de vous éloigner.

Si vous choisissez de vous éloigner, il est important de le faire avec respect. Soyez clair sur votre décision en expliquant que vous avez besoin de prendre du recul pour des raisons personnelles, tout en gardant un contact professionnel de base lorsque cela est possible.

4. Construire un réseau positif

Pour favoriser votre épanouissement professionnel, il est essentiel de s'entourer de personnes positives. Recherchez des mentors et des alliés qui vous soutiennent, et contribuez à un environnement positif par votre propre comportement.

La gratitude renforce les relations saines. Prenez le temps de reconnaître et de remercier ceux qui vous soutiennent, tout en cherchant à tirer des leçons des relations difficiles pour favoriser votre croissance personnelle et améliorer vos interactions futures.

Chapitre 30

Réseauter en temps de crise

Les crises, qu'elles soient économiques, sanitaires ou sociales, perturbent les dynamiques du monde professionnel. Le réseautage en temps de crise nécessite une approche différente, plus flexible, et une adaptation rapide aux nouvelles réalités. Nous allons décrire comment ajuster vos stratégies de réseautage durant une crise, tout en renforçant votre réseau et en en sortant plus fort.

1. Comprendre les particularités du réseautage en temps de crise

Les crises perturbent le réseautage traditionnel, notamment en réduisant les occasions d'interactions en personne, telles que les conférences et salons. Les entreprises, face à ces défis, révisent souvent leurs priorités et leurs budgets, ce qui complique encore davantage les stratégies de réseautage classiques. De plus, l'incertitude économique et professionnelle peut rendre les individus plus prudents et moins enclins à établir de nouvelles relations.

Malgré ces obstacles, les crises offrent également des opportunités uniques de renforcer les liens existants et de créer de nouvelles alliances. La situation incite souvent à renouer avec d'anciens contacts, créant ainsi un réseau fondé sur la confiance et la solidarité. Des partenariats inattendus peuvent également émerger pour répondre à de nouveaux besoins.

2. Adapter votre approche de réseautage

Avec la limitation des interactions physiques, il devient essentiel de s'appuyer sur les outils numériques, tels que les plateformes de visioconférence (Zoom, Microsoft Teams), pour organiser des rencontres virtuelles. Les réseaux sociaux professionnels, notamment LinkedIn, jouent également un rôle crucial pour partager des réflexions sur la crise et engager des discussions avec d'autres professionnels.

Créer des occasions de rencontre en ligne est essentiel pour maintenir et développer votre réseau. Organisez des webinaires, des conférences virtuelles ou des groupes de discussion sur des thèmes pertinents, ce qui favorisera les échanges et renforcera les liens entre les membres.

Adopter une approche proactive est nécessaire en temps de crise. N'hésitez pas à contacter d'anciens collègues ou mentors pour prendre de leurs nouvelles ou leur offrir votre soutien. Cette démarche peut approfondir vos relations, même dans des périodes difficiles.

3. Construire des relations sincères

L'empathie est primordiale durant les périodes de crise. Écoutez activement les préoccupations de vos contacts et partagez vos propres expériences pour instaurer un climat de confiance et créer des liens authentiques. Montrer que vous vous souciez véritablement de la situation des autres renforcera la solidité de vos relations.

Pour bâtir des relations durables, la sincérité est essentielle. Restez fidèle à vous-même et évitez toute exagération dans la manière dont vous vous présentez. Célébrez les petites réussites, car partager ces succès, même modestes, peut inspirer et motiver les autres à persévérer.

4. Réévaluer et ajuster vos objectifs

Les crises peuvent exiger une réévaluation de vos objectifs de réseautage. Réfléchissez à vos priorités, en particulier à l'importance de renforcer les relations existantes. Soyez flexible et prêt à ajuster vos objectifs en fonction de l'évolution des circonstances, car des opportunités inattendues peuvent apparaître.

Restez informé des changements dans votre secteur pour adapter votre approche. Identifiez les besoins émergents et engagez-vous dans des discussions sur les enjeux actuels de votre domaine. Cela vous positionnera en tant que leader d'opinion et attirera l'attention sur votre profil professionnel.

Table des matières

Avant-propos..7
Partie 1 – Les bases du réseautage......................................13
   Chapitre 1 – Définir vos objectifs de réseautage................15
   Chapitre 2 – Comprendre l'écosystème des réseaux professionnels..21
   Chapitre 3 – Créer votre marque personnelle et votre pitch 27
   Chapitre 4 – L'état d'esprit du réseauteur efficace.............33
Partie 2 – Techniques pour créer et élargir votre réseau..........37
   Chapitre 5 – Optimiser votre profil et votre usage de LinkedIn...39
   Chapitre 6 – Réseauter lors d'événements professionnels. 45
   Chapitre 7 – Comment demander des recommandations et des mises en relation..49
Partie 3 – Utiliser les réseaux sociaux et outils numériques...53
   Chapitre 8 – Utiliser Twitter pour se connecter avec des influenceurs...55
   Chapitre 9 – Instagram et les réseaux visuels : un atout pour certains secteurs..61
   Chapitre 10 – Facebook : réseau personnel et professionnel 67
   Chapitre 11 – TikTok et YouTube : des plateformes pour réseauter autrement..73
   Chapitre 12 – Maîtriser et gérer son réseau avec des outils numériques...79
   Chapitre 13 – Intégrer et bâtir des communautés en ligne. 83
Partie 4 – Stratégies de réseautage pour trouver un emploi....87
   Chapitre 14 – Réseautage et recherche d'emploi : par où commencer ?..89
   Chapitre 15 – Utiliser les événements et salons de l'emploi à votre avantage..95
   Chapitre 16 – Le réseautage inversé : se faire repérer par les recruteurs..99
Partie 5 – Stratégies pour entrepreneurs............................105
   Chapitre 17 – Réseauter pour développer vos affaires.....107

Chapitre 18 – Créer des partenariats grâce au réseautage 113
Chapitre 19 – Participer aux événements de networking pour entrepreneurs..117
Chapitre 20 – Trouver des mentors ou des investisseurs grâce à votre réseau..123
Chapitre 21 – Réseautage au sein d'incubateurs et accélérateurs..127
Chapitre 22 – Rejoindre des groupes, associations professionnelles et clubs privés..131
Partie 6 – Développer des compétences avancées de réseautage 137
Chapitre 23 – La réciprocité : comment donner pour recevoir..139
Chapitre 24 – Négocier et convaincre grâce à son réseau 143
Chapitre 25 – Comment éviter les erreurs courantes du réseautage...147
Chapitre 26 – Les bases du réseautage international........151
Partie 7 – Réseautage sur le long terme................................155
Chapitre 27 – Entretenir votre réseau sur la durée...........157
Chapitre 28 – Le rôle du mentorat et du sponsoring........161
Chapitre 29 – Gérer les relations difficiles ou toxiques...165
Chapitre 30 – Réseauter en temps de crise......................169

Du même auteur

(série « Travail »)

- Comment trouver un travail : conseils incontournables pour une recherche d'emploi efficace.

Commandes et disponibilités

Nos ouvrages sont tous disponibles et commandables sur Amazon. Consultez Amazon pour découvrir nos nouveaux livres et d'autres séries.

Vous avez aimé ce livre ?

Conseillez-le sur les réseaux sociaux, à vos amis, notez-le sur Internet. Nous vous remercions par avance pour ces gestes qui nous encouragent à produire d'autres livres de qualité.

www.ingramcontent.com/pod-product-compliance
Lightning Source LLC
Chambersburg PA
CBHW031628210526
45464CB00004B/1793